编委会主要成员

主编

刘晓花

副主编

李　毅

编写人员

罗　哲　刘乾铭　欧朗希　方　婧

杨　虹　王瑞珺　韦　业　谢文仁

答幼儿园家长52问

刘晓花　主　编
李　毅　副主编

南京师范大学出版社

图书在版编目（CIP）数据

答幼儿园家长52问 / 刘晓花主编；李毅副主编. —
南京：南京师范大学出版社, 2023.5

ISBN 978-7-5651-5660-1

Ⅰ.①答…　Ⅱ.①刘…②李…　Ⅲ.①学前教育—问题解答　Ⅳ.①G613-44

中国国家版本馆CIP数据核字(2023)第006881号

书　　名	答幼儿园家长52问
主　　编	刘晓花
副 主 编	李　毅
策　　划	徐益民　张　莉
责任编辑	徐文娟
出版发行	南京师范大学出版社
地　　址	江苏省南京市玄武区后宰门西村9号（邮编：210016）
电　　话	(025)83598919(总编办)　83598412(营销部)　83598312(邮购部)
网　　址	http://press.njnu.edu.cn
电子信箱	nspzbb@njnu.edu.cn
照　　排	南京开卷文化传媒有限公司
印　　刷	江苏凤凰新华印务集团有限公司
开　　本	787毫米×1092毫米　1/16
印　　张	16.5
字　　数	209千
版　　次	2023年5月第1版　2023年5月第1次印刷
书　　号	ISBN　978-7-5651-5660-1
定　　价	78.00元

出 版 人　张　鹏

FOREWORD 前言

我在幼儿园工作多年，常常会遇到家长来询问育儿过程中的各种各样的问题。我自己也是一位家长，尽管在教育学领域取得了博士学位，但是当妈妈，和大家一样，有的时候会焦虑不安，有的时候会束手无策。

家长们解决问题的办法五花八门。有的求助老师，有的全靠一声吼，有的干脆授权爷爷奶奶或者家政阿姨，图方便的求助网络、各种“导师”和“专家”，“发愤图强”的还会报各种父母训练营来一场“不得不要的修行”。然而，网络信息、商业课程虽然花样繁多，但很多信息碎片化、片面化、商业化，专注于“贩卖焦虑”，缺乏专业理论依据。以这些方式获取的育儿经验、知识、信息大多以偏概全，缺乏依据，有的甚至不利于孩子的成长。还有的源自老一辈的育儿经验，这些经验虽然来源于实践，但大多与处在信息时代的孩子们的发展、学习需要相去甚远。

本书针对幼儿园的家长们常见的育儿问题，既从专业的角度解释了为什么会产生这些问题，又从大量的研究结论和教育实践中总结了简单、有效的解决问题的策略。这里需要说明的是，我们所选择的策略不仅以有效解决问题为目标，更着眼于儿童的长远发展。这是什么意思呢？在教育学领域中，有很多的教育方式和方法，短时看似非常有效，却以牺牲儿童的长远发展为代价。例如，当孩子哭闹着要买玩具，爸爸妈妈说“别哭了，一会儿给你吃冰激凌”，这一招通常非常有效，孩子马上不哭了，但长此以往对孩子的发展不利。这样只会让孩子觉得自己一哭就有冰激凌吃，反而更喜欢哭闹，并没有让孩子学习如何克制冲动，自我管理，正确地表达情绪来解决当下的问题。因此，本书在选择解决育儿问题的策略时首先考虑其是否有利于儿童的长远发展。

此外，书中采用了大量的“循证实践”，并且很多实践策略曾在幼儿园教育教学中被反复检验，还经过了幼儿教育专家、教师的多次修订。这就意味着我们提供的策略大多来自研究结论，而非个人经验，并且这些结论曾在实践中得到验证。这样做的主要目的是保证书中所推荐的育儿方法是科学的、专业的、有效的。

诚然，每个孩子都是独特的，没有所谓的“教育宝典”能够解决所有孩子的一切问题。书中所推荐的方法可以给家长们提供很好的借鉴，所介绍的原理和资源也可以为大家从专业的角度深入了解某一育儿问题提供支持。但是，为人父母是一场修行，我们只有终身学习，不断调整，方能安全抵达彼岸。

最后，感谢珠海华发容闳幼儿园的家长朋友和老师对本书所做出的重要贡献，特别是罗哲、刘乾铭两位老师。他们搜集、整理了家长们常见的问题，并针对问题进行了深入的探讨。同时，希望广大读者们对本书提出宝贵的意见，我们将不断优化，为大家提供更多更好的育儿策略。

CONTENTS 目 录

第二章　同伴交往

第三章　行为习惯

第四章 情绪问题

第五章 自我控制与调节

第六章　认知与学习

第一章

1

身体健康

01 孩子非常挑食，怎么办？

为什么？

“我不饿，我不想吃”“这个不好吃”，您是否因为孩子挑食而感到束手无策？担心孩子挑食，个子长不高，营养不够，迫切希望孩子“吃嘛嘛香”，可总是事与愿违。

事实上，2 ~ 4 岁的孩子挑食属于正常现象。有很多原因导致孩子拒绝某种食物或者完全拒绝吃饭。例如，孩子吃饭时有压力，觉得自己被剥夺了选择吃什么的权利，就是不喜欢吃某种食物，进餐时受太多干扰，患有牙科或口腔疾病，感觉不饿，高糖高热量零食吃得太多，食物分量太多等，这些都有可能是孩子挑食的原因。通常来说，2 岁左右的孩子，在某一段时间吃特定的东西，过一段时间又拒绝吃这种食物，或者有时胃口还行，有时一天都不吃东西，这些情况都是正常的。只要孩子体重增长是正常的，家长就没必要过于担心。如果孩子快进入小学了，依然饮食没有规律，拒绝主动进食，家长就应该引起重视。

解决挑食最好的办法是养成良好的进食习惯。这需要从孩子 1 岁左右就开始，让孩子有主动进食的机会，让他抓食物、玩食物等。孩子稍大一些，家长要教孩子用勺子主动进食，在固定的地点进食，不管孩子吃得多么脏、乱，都应该让孩子掌握吃饭的主动权。这样做不仅给予孩子接触不同食物的机会，让他知道吃饭是自己的事情，还锻炼了孩子的手眼协调能力。到 2 岁半左右，孩子就应该完全掌握吃饭的主动权。吃多少、吃什么，全由他自己决定，没有吃饱就让他体验饥饿感。这样做对孩子的长远发展是非常有好处的，因为对孩子来说，吃饭也是需要学习的。父母、祖父母或者家政阿姨总是担心孩子吃不饱，允许孩子边玩边吃，还跟在孩子后面追着喂，总觉得能塞一口是一口。这样做通常会让孩子丧失主动进食的习惯，总觉得吃饭是别人的事情；还有可能导致不良的后果，边玩边吃导致孩子没有饱腹感，给多少就吃多少，造成幼儿肥胖或者营养不良。有的孩子从小被喂大，到了小学依然拒绝主动进食，导致每天下午都由于血糖过低而无法集中精力上课。

当然，养成良好的进食习惯并不是严厉要求孩子，在进餐中训斥、威胁孩子，“不吃饭就站那儿”“吃不完就站到门外去”。这样做只会让情况更糟糕。孩子一想到吃饭就和不愉快的经历联系起来，就更加难以愉快地进餐。

我不喜欢吃

怎么办？

1. 要明确父母对孩子的进食负“有限责任”

父母、祖父母或者家政阿姨等大人对孩子进食的态度在很大程度上影响孩子的进食习惯。在美国，有一种科学的喂养方法，叫作 SDOR。[1]这种方法强调将父母或其他抚养人的喂养责任与幼儿的进食

1　Satter., E. (2019). Division of Responsibility in Feeding. *Ellyn Satter Institute.*

责任区分开来。父母或其他抚养人负责：准备什么食物、按时按点提供食物和点心；不管孩子是否爱吃都把食物端上桌，保证愉快的进餐环境，逐步教孩子怎么吃饭，除了吃饭和点心时间外不允许孩子喝饮料、进食；同时，还需要负责，相信孩子知道自己应该吃多少，会吃您给他提供的食物等等。孩子们负责决定是否吃、吃多少。

2.别让孩子进餐时感到压力

如果吃饭时孩子感觉到有压力，他们很可能会退缩。如果您过分关注吃什么和吃多少，他们会变得焦虑，可能会抗拒进食。因此，提供给孩子愉快的进餐环境，让孩子自己决定吃什么、吃多少。把吃饭时间看作是一家人在一起共度的愉快时光，而不是“盯着孩子吃饭”，孩子就不会感到压力，会更愿意尝试新的或不喜欢的食物。

3.让孩子参与食物准备与制作

让孩子帮忙购买、准备、烹饪食物，他们会吃得更好。如果您不让他们参与任何准备食物的过程，孩子对食物的来源没有任何概念，也就没什么兴趣。如果让孩子参与这一过程，孩子对食物更加了解，也就可能由此产生对食物的兴趣，更有可能接受这些食物。虽然孩子的参与可能会让厨房惨不忍睹，但这对孩子养成良好的饮食习惯是非常有利的。

4.尝试给食物变换花样

孩子突然不爱吃饭，可能是因为像大人一样对某些食物感到厌烦。您可以尝试改变食物形状或质地，给孩子带来新鲜感，比如用“薯条”代替烤红薯，或者用南瓜汤代替蒸南瓜，经常变换花样，看看孩子最喜欢什么。如果孩子不爱吃肉，可以把肉“隐藏”起来，比如猪肉馅水饺、馄饨、牛肉丸等。

5. 判断孩子是否真的饿了

儿童的食欲是不稳定的，尤其是在幼儿园阶段。他们有时在餐桌上吃得比其他人都多，但有时一天都吃得很少。2 岁以后，发育速度减缓并趋于稳定，这意味着孩子的食欲和食量也逐渐稳定，呈现出一定的规律性，不像以前那么容易饿了。因此，有时孩子不吃饭，只是因为还没有感到饥饿，此时您可以试着接受“我只是不饿”的回答，然后提醒孩子用餐后厨房会关闭。

6. 尽量减少干扰

您可能依靠电子屏幕或者玩具来分散孩子的注意力，让他们多吃两三口，但效果会适得其反。电子屏幕和玩具不仅影响孩子自我控制能力的发展，还会影响孩子的食欲，孩子很容易吃不下或进食过量（具体请参照本书《孩子一边吃饭一边看电视，怎么办？》）。此外，电视广告还可能让孩子对高糖或垃圾食品充满渴望。

7. 食物分量不宜太大

如果提供的食物分量太大，有些孩子就会马上不想吃，而且吃得也不多。您可以试着把分量减少一半，但还是确保他能吃到营养均衡的食物。如果孩子觉得不够，再考虑添加。

8. 不提供零食作为奖励

孩子随意吃零食，可能会因为吃得太饱而无法进食。您可以设立固定的零食时间，不在两餐之间随意吃零食；可以用健康点心替换零食，比如准备一些酸奶、水果、奶酪等。我们不建议把零食或者任何食物当作奖励，例如“如果今天表现好，妈妈就给你冰激凌吃”。这样做会让孩子觉得冰激凌更具有吸引力，从而更加渴望吃冰激凌。

9. 巧妙地告诉孩子健康饮食的道理

您可以利用阅读绘本，比如《我绝对绝对不吃番茄》《肚子里有个火车站》等，把健康饮食的道理告诉孩子。您也可以试试用绘画或者口述日记的形式，记录每天所吃的食物，和孩子讨论为什么会选择吃它们，它们有什么营养价值。

10. 增加户外运动时间

每天至少要保证 2 个小时的户外锻炼时间，骑单车、跑步、打球、游泳等运动都适合 2 ～ 6 岁的孩子。2 岁以下的孩子户外锻炼同样必不可少，简单地选择适宜的户外活动即可。大汗淋漓地运动后，孩子往往也会食欲大增。

11. 了解食物的来源

您可以带孩子去果园、农场郊游，这样他就能看到盘子里的食物是从哪里来的。尽管在这个年龄的孩子可能还无法理解食物从幼苗到菜品的这一过程，但这种经历可能会激励他尝试本来不感兴趣的食物。

温馨小贴示

有些孩子可能因为身体问题而影响进餐。食物过敏、反流、嗜酸性食管炎、严重便秘等会影响孩子的食欲。此外，口腔运动功能受损时，例如唇裂、口腔肌肉畸形、口腔溃疡问题、扁桃体发炎等，也可能会导致饮食过程非常艰难和痛苦。如果您发现孩子可能存在以上情况，建议咨询医生。

02 孩子上幼儿园经常生病，怎么办？

为什么？

家长经常抱怨他们的孩子在进入幼儿园后总是生病。要知道，这并不是一个“中国特色”现象。一项研究表明，孩子在幼儿园的确更容易生病，也更容易在接触同伴的过程中感染病菌[1]。在园幼儿平均每年会遇到6～8次病毒性上呼吸道感染，也可能每年发作1～2次肠胃炎，其中包括呕吐或腹泻[2]。

孩子是否生病，主要看是否接触了致病原。由于每个家庭的教养方式存在差异，有的孩子居家活动比较多，而有的孩子在公共场所活动较多。经常接触公共场所的孩子相比于居家的孩子，更容易接触致病原，也更容易生病，但这并不代表孩子的免疫力弱。

孩子在刚开学时往往容易生病，这是由于孩子从稳定单一的家庭环境突然来到幼儿园的集体环境中，加之和其他幼儿长时间频繁接触，可能接触到之前没有遇到的致病原。幼儿园容易发生的如流感、手足

---

1 Augustine, J. M., Crosnoe, R. L., & Gordon, R.（2013）. Early Child Care and Illness among Preschoolers. *Journal of health and social behavior,* 54（3）: 315–334.

2 Vincent Iannelli.（2021, January 05）. *Daycare Syndrome and Frequent Infections. Verywell Family.*

口病、诺如病毒性胃肠炎等都是由病毒传播引起的。在集体环境中，每个孩子身上所携带的致病菌以及人体菌群环境都不一样，分享玩具和食物也有一定的致病菌传播风险，特别是有的孩子习惯用手擦鼻子、无遮挡地打喷嚏或咳嗽，从而增加了致病菌传播的概率。

父母看到孩子生病难免担心沮丧，但如果孩子没有出现严重的感染（如肺炎或其他需要住院治疗的感染性疾病），不用过度担心孩子的免疫系统有问题。您可以依据以下症状来判断孩子是否存在免疫缺陷：体重和生长发育落后于同龄人；每次生病后都不能自行好转，需要静脉输液或者住院治疗；孩子每次生病都是严重感染，比如脑膜炎、败血症；一年患两次以上肺炎；等等[1]。

如果没有以上免疫缺陷的症状，随着孩子年龄的增长，与各类环境的接触增多，在一次次与病毒、致病菌作战后，孩子的抵抗力会越来越强。从免疫的角度来说，生病能让免疫系统接触抗原产生抗体，是提高免疫力的重要过程。

我不舒服，医生姐姐给我量体温

1 Vincent Iannelli.（2021, January 05）. *Daycare Syndrome and Frequent Infections. Verywell Family.*

怎么办？

1. 避免带病上学，要充分休息

有不少家长一发现孩子“不发烧了”或者“不吐了”便立即将其送回幼儿园，有的甚至让孩子“带病上学”，这样做其实不仅不利于自己的孩子恢复身体，而且增加了班级其他孩子感染的风险。您需要根据当地疾控中心和幼儿园对各项疾病的返园标准安排幼儿返园，以发烧为例，即便当日已经退烧，仍需要等待完全退烧 24 小时或 48 小时后，确认幼儿身体健康后，方可送其返园。

2. 培养孩子良好的卫生习惯

有效洗手是防止传染病最有效的方式之一。培养幼儿规范的洗手方式十分重要，我们应教会幼儿使用“七步洗手法”等科学的洗手方法，持续洗半分钟左右，养成勤洗手的好习惯。运用游戏、唱歌的方法可以让洗手变得有趣，例如，洗手时唱两遍儿歌，不仅让孩子感到快乐，而且能够保证洗手时间充足。打喷嚏时用手肘捂住口鼻、避免用手揉口鼻眼等，良好的卫生习惯可以大大降低孩子接触致病原的概率。虽然幼儿园会教孩子这些卫生习惯，但是您在家同步要求才能让孩子真正养成习惯。

3. 增强免疫力

● 加强锻炼，增强体质。提高自身的免疫力是应对季节更替和复杂环境中的致病原最有效的方法。您可以以亲子活动的方式和幼儿一起进行散步、爬山、骑车等有氧运动。充足、规律和多样的体能活动（建议每天 60 分钟）可强健骨骼和肌肉，提高心肺功能，降低慢性病的发病风险。增加户外活动时间，还有助于促进维生素 D 的合成，有效预防近视。

● 增强营养，科学膳食。富含维生素和矿物质的饮食可以增强孩子的免疫力。根据《中国学龄儿童膳食指南（2022）》，我国幼儿普遍存在钙、铁、维生素 A 等微量营养素摄入不足的情况。因此，如果家长能够帮助孩子建立营养均衡的饮食习惯，鼓励孩子吃“彩虹”食物，不偏食节食，不暴饮暴食，保持适宜体重增长，也是对抗疾病的有效方法。

● 规律作息，保证充足睡眠。保持规律的生物钟对适应集体生活十分重要，每天保证充足的睡眠，可以有效避免由睡眠不足带来的免疫力低下。

4. 放松心态

孩子生病时往往很难受，伴随着哭闹或向父母索求更多关注。此时的家长要调整好自己的心态，适当放松心情，避免过度紧张。成人的情绪对孩子具有很强的感染力，如果家长面对孩子生病的态度是积极的、放松的，那么孩子也会运用积极的情绪面对身体的不适。家长应在孩子痊愈以后坚持送孩子上学，并在孩子结束一天幼儿园生活以后，积极引导和鼓励孩子，聊聊一天中开心的事情，肯定他的进步。

5. 提高孩子的自理能力和独立性

无论您的孩子是去全日制的幼儿园还是去半日制的幼儿园，他都不仅需要花时间去接受“离开爸爸妈妈”这一事实，还要在没有您的情况下照顾好自己并完成任务。对许多孩子来说，这是一个巨大的挑战。所以在上幼儿园以前，父母要渐渐退出，让您的孩子在力所能及的范围内承担更多，帮助他更好地适应集体生活。良好的集体生活体验可以让孩子情绪愉悦，而积极的情绪也有利于身体健康。

03 孩子在幼儿园受伤了，怎么办？[1]

为什么？

在孩子成长的过程中，总有些“磕磕绊绊”。对此，很多家长都是能够理解的。但是，当孩子受伤需要送至医院缝针，或者孩子经常受伤，很多家长就不淡定了。那么，我们要怎样认识孩子受伤？从专业的角度来说，孩子受伤是因为他们对任何事物都充满极大的好奇，但由于年龄尚小，对周围的事物缺乏基本的认识或者准确的危险判断，加上身体协调能力、反应能力尚在发展之中，容易受伤。一个 3 岁的孩子可能会爬上一把不稳的椅子去拿一个够不着的东西，一个 5 岁的孩子也许会喜欢爬上高高的树，这些在他们的视角中，都是完全合理的。与此同时，好动、喜欢冒险的孩子通常更容易受伤。因为更好动，男孩受伤概率是女孩的两倍。[2] 还有一些情况特殊的孩子，比如孤独症、多动症儿童，相对来说会更缺乏安全意识。

在婴幼儿阶段（0 ~ 6 岁），常见的意外伤害有：撞伤、摔伤、窒息、

1　仅针对非致死、致残类的意外伤害事故。

2　Disease Control and Prevention （CDC），Atlanta, GA, US. 2008. CDC Childhood Injury Report—Patterns of Unintentional Injuries among 0-19 Year Olds in the United States, 2000-2006. Family and Community Health: The Journal of Health Promotion and Maintenance, 32(2): 189.

我在草地上跑步摔倒了，老师带我去医院

烫伤、骨折、中毒、溺水等。一项研究报告中指出，在 0 ~ 14 岁的生长阶段，儿童受伤（非死亡）的首要原因是摔倒，其次是撞击。[1]但是，随着年龄的增长，摔伤 / 撞伤的概率明显降低，其主要原因是孩子的身体动作能力增强了，对不同的身体动作会产生的相关后果有了更准确的判断。

很多家长对孩子在幼儿园受伤非常担心，认为是幼儿园老师看护不利或者疏于照顾，才导致意外的发生。有的家长也会因此而焦虑，担心孩子受伤的情况会再次发生。事实上，意外的发生往往是在一瞬间，即使教师就在孩子的身边也无法控制。当然，不论是家长还是幼儿园，都有责任看护好幼儿、采取措施，避免意外伤害的发生。值得注意的是，任何预防措施都不能取代严密的看管。

1 Disease Control and Prevention （CDC）, Atlanta, GA, US. 2008. CDC Childhood Injury Report—Patterns of Unintentional Injuries among 0–19 Year Olds in the United States, 2000–2006. Family and Community Health: The Journal of Health Promotion and Maintenance, 32(2): 189.

无论是在家里还是在幼儿园里，孩子受伤了，家长、老师在孩子受伤后的几天甚至几周内都会感到沮丧、难过和焦虑。这些都是正常的。但是，事情已经发生了，如果家长因此责怪负责照看的爷爷奶奶或者老师，不仅会让照顾者更加伤心，也给了孩子错误的认识，容易让孩子对受伤这件事感到焦虑、害怕，进而不敢活动，或者觉得自己是“宇宙的中心”，即使是自己摔伤的，别人也要对此负责。如果孩子在幼儿园受伤，父母就因此去幼儿园大吵大闹，会加重老师的心理负担，往往会导致老师日后因焦虑或担心而限制孩子的活动。孩子在幼儿园里受伤不代表幼儿园的老师不负责任，或者园方管理存在严重的问题。研究表明，从受伤的概率来看，相比孩子待在家里，孩子在幼儿园更为安全。[1]也就是说，事实上，很多情况下，孩子在幼儿园受伤都跟幼儿身心发展所处的特殊年龄段有关。幼儿园的环境是为幼儿专门设计的，因此，相对家庭环境来说，反而更安全。

当然，这并不是说幼儿园对幼儿受伤不负有任何责任，也不是说所有幼儿园的管理都是完善的。我国未成年人保护法、学生伤害事故处理办法等法律、法规明确规定幼儿园对幼儿负有教育、保护的责任。民法典规定，应采用过错推定原则来判定幼儿在幼儿园受伤后幼儿园应该承担的责任。也就是说，意外伤害事故发生后，幼儿园需要提供证据证明其已经尽到教育、管理职责，否则便推定幼儿园存在过错，但也只有在幼儿园存在过错的情况下才应当承担相应的责任。具体的法律问题可以咨询律师。

然而，如果孩子受伤，家长忙着追责而忽视了孩子，这样做更不利于孩子的康复和发展。因此，对于父母来说，应该要处理好自己的情绪，正确认识孩子的受伤，了解孩子受伤的原因，并帮助孩子形成良

1　Eberl, R., Schalamon, J., Singer, G., et al.（2009）. Analysis of 347 Kindergarten-related Injuries. *European Journal of Pediatrics*, 168（2）: 163-166.

好的安全意识、运动能力，同时，避免因处理不当给孩子带来身体上、心理上的二次伤害。

怎么办？

1. 保持冷静

通常幼儿园有校医，如果孩子受伤了，校医判断有必要送往医院救治，幼儿园有责任根据校医的判断在最短时间内将孩子送往医院。此外，幼儿园都有规范的紧急救治流程，出现意外事故，幼儿园应按照该流程启动紧急预案。

2. 安抚孩子情绪，告诉孩子现在很安全

见到受伤的孩子，家长难免情绪激动。但是，此时我们应该保持冷静。孩子受伤了，老师也难过，责怪他人不利于事情的解决。同时，家长冷静的情绪示范也有助于缓解孩子当下的疼痛与恐惧。年龄小的孩子格外需要第一时间的拥抱与安抚。年龄较小的孩子很害怕独处，尤其是在医院这种陌生的环境里。因此，在孩子就诊时，老师或者家长应注意全程陪同。

3. 妥善沟通，了解受伤原因以及处理流程

家长应详细了解孩子是如何受伤的，是跟班级同学发生矛盾，还是自己摔跤的？了解孩子受伤的经过，可以帮助您判断老师有没有尽心尽责，跟进孩子的后续发展。此外，还应详细了解意外发生后老师和幼儿园所采取的紧急措施：幼儿园有没有第一时间反应，给予及时的救治？通过了解意外事故后的处理，您可以对幼儿园的管理是否到位做出判断。这里值得注意的是，即使是高质量的幼儿园——管理严格、教师尽职，也无法完全避免幼儿意外事故的发生。不论是在班教师，

还是园方领导都不希望孩子受伤。因此，家长在沟通过程中应保持冷静，从解决问题的角度出发与园方协商，尽量避免给班级老师带来过大的压力而让孩子处于焦虑当中。

4. 帮助孩子尽快走出事故

有的孩子在受伤后有创伤应激反应，例如，不时回想起事故发生的场面，不敢回到事故发生的地点或者一跑动就感到异常紧张，很害怕受伤再次发生。发生这种情况，家长应注意适时引导孩子，告知孩子现在他安全了，受伤的事情已经过去了，不用过于担心。耐心倾听孩子的心声，告诉他感到害怕或者难过是很正常的，大人受伤了也会感到难过，但是过一段时间就会好的。这样做可以帮助孩子从认知上改变对事故的看法，以及事故带来的心理焦虑。如果孩子年龄稍大，可以和孩子一起讨论哪些事情能让自己没那么难过，例如，和朋友一起玩，玩自己喜欢的玩具，难过的时候跟爸爸妈妈说说，听故事等等。

5. 分析受伤的原因，帮助孩子吸取教训

当事件平息、孩子恢复后，父母应该和孩子一起分析事故发生的原因。对于年龄稍大的孩子，父母可以询问他们事件发生的整个经过。然而，不论孩子受伤的原因是什么，都应该从帮助孩子吸取经验的角度出发，教孩子如何避免类似事件的发生。例如，孩子摔伤缝针是因为在教室里乱跑，那么父母应该告诉孩子在教室跑是非常危险的行为，而不该当着孩子的面指责老师看护不利。这样做无疑让孩子觉得自己受伤是因为老师，既不利于让孩子学会自己承担责任，也未能让他们从危险行为中吸取经验。如果孩子是因为和另外一个孩子发生冲突而受伤，即使自己的孩子是受害者，也要帮助孩子分析原因，学会如何躲避冲突或者攻击，从而保护自己。总之，要将事故转化成孩子学习

的契机，而非一味地埋怨或者指责。

6. 培养安全意识，促进体能发展

即使孩子是在幼儿园受伤，家长也应该从家庭教育的角度出发，教授孩子安全规则，培养孩子的安全意识。例如，骑车时戴上头盔和护腕护膝；运动时身穿运动鞋和运动装备；运动时取下项链、胸章等；户外活动时正确使用游戏设施；等等。更为重要的是，家长要重视孩子身体动作能力的发展。从孩子学习走路开始，就要放手让孩子爬、走、跑、跳。当孩子进行挑战性的动作或者玩体育器械时，大人应在旁边一对一保护和指导，避免意外发生。在教会孩子安全知识后，父母应放手让孩子尝试。孩子只有亲身体验后，才能获得对自己体能发展的准确认知，才能对哪些动作能够做、什么东西能够玩有准确的判断。很多孩子由于从刚学会走路开始就被过度保护，活动受限，导致平衡、协调能力差，也缺乏相应的安全意识。

7. 避免过度保护，积极预防

尽管所有父母都希望孩子保持安全，但意外仍难以完全避免。如果您发现孩子受伤之后，您对于孩子的活动感到异常紧张，或者长时间处于焦虑的状态，总是十分担心，无法回到正常的生活状态，那么，您需要调整心态，正视自己的反应和心理变化。您可以通过寻求家人的支持和帮助，或者参与一些放松的活动来缓解焦虑。此外，要告诉自己可以适当地加强对孩子规则意识的培养，但也要避免将过度的焦虑、恐惧传递给孩子，限制孩子的正常活动。同时，积极采取预防措施避免意外事故再次发生。例如，坚持给孩子穿舒适的运动鞋，尤其是防滑鞋，可以有效地避免摔倒；孩子骑车、玩轮滑、玩滑板时，注意戴上头盔、护膝、护腕等；如果孩子容易骨折，要考虑给孩子补充

足够的钙并加大运动量；如果孩子平衡、协调能力差，可以多带孩子去郊游，走田埂或者山道等；如果是孩子的手被门夹到了或者由于规则意识薄弱而受伤，就要加强安全教育，在家教孩子什么能玩，什么不能玩，玩什么会带来什么后果；等等。

8. 强身健体，加强体育运动

您可以为孩子树立良好的健康运动榜样，调动家庭成员在周末一起运动，这能极大地改善孩子的运动习惯；还可以考虑增加运动的趣味性，邀请孩子的朋友及其家人一起参与运动游戏。在运动过程中，您应注意帮孩子提高身体平衡能力、协调能力，从而降低受伤风险。

04 孩子玩生殖器，怎么办？

为什么？

您可能惊慌地发现孩子有用力夹腿、摩擦生殖器等行为，想要阻止但是又羞于开口，或者多次阻止，却让问题愈演愈烈。事实上，幼儿时期玩生殖器是一种正常的现象。大多数男孩在5~6岁的时候都有过“玩小鸡鸡”的经历；一些女孩有过夹枕头，坐小木马时不停地蹭来蹭去的行为。这种生殖器的游戏行为通常只是孩子安抚自己的一种方式，而不是真正意义上的“手淫”性行为，因为他们在这个年纪还不知道什么是“性”。通常是孩子偶尔用手或者其他物体摩擦了生殖器，发现能获得快感，因而不停地重复这一行为。

研究表明，生殖器刺激是儿童发育的正常部分。[1]对孩子们来说，这和玩耳朵、扭头发或抠鼻孔没什么不同，不要把它看成一件大事。如果您对孩子偶尔玩生殖器的行为大惊小怪，最终可能会强化他的这种行为。更不能因为孩子玩生殖器而惩罚或羞辱他们，这可能影响他们的自尊心和成年后的性生活态度及体验。

1 Haffner., D. (2000). *From Diapers to Dating: A Parent's Guide to Raising Sexually Healthy Children From Infancy to Middle School*. Newmarket Press.

如果您的孩子因为过度寻求生殖器刺激而影响睡眠、日常生活、游戏活动或者情绪，或者这种刺激涉及另外一个孩子时，您应引起注意并采取一些措施。

怎么办？

1. 应该寻找根本原因

如果您发现孩子一有空闲时间就开始寻求刺激，比如睡前、无聊时、等待的时候或者紧张不安的时候，那么您可以想想孩子是出于什么原因才这样玩，只是因为无聊，还是因为最近有压力，需要额外的安慰。“搬家”或者“开始上幼儿园”等都可能是孩子压力的来源。或者，上次玩生殖器的行为被发现，家里人训斥了他，有时大人过度反应反而会刺激孩子玩生殖器来减轻心理压力。如果您能找到原因，针对原因解决问题，往往会事半功倍。例如，如果是因为无聊，就多带孩子出去活动，即使孩子在家，也把游戏、活动安排起来，把一天的时间都填满；如果是因为情绪压力，就帮助孩子选择其他替代办法缓解压力，画画、手工、户外运动、向父母倾诉等都是缓解压力的好办法。

2. 选择忽略

有的家长很难接受孩子玩生殖器，认为这是一件羞耻的事情。但是，事实上，只要不影响孩子正常的生活，幼儿玩生殖器完全是正常的。费尽力气向一个 2 ~ 3 岁的孩子去解释什么是隐私，往往徒劳无益。如果您对这件事情讳莫如深，孩子反而会因为好奇而继续去做。因此，有时选择忽略也是一个好办法。

3. 让孩子忙起来

很多孩子玩生殖器的行为都发生在他们无聊或者空闲的时候，就像抠鼻孔的行为一样平常，手上没东西玩了，睡觉前躺在床上很无聊，就用这种行为打发时间。在这种情况下，您可以多给孩子安排一些有趣的活动，如逛公园、玩蹦床等；也可以给他一些喜欢的小玩具，让他一直处于忙碌状态。如果孩子玩生殖器的行为大多发生在睡前，您可以等到孩子困了再让他上床睡觉，并在睡前给他讲故事，或者给他一个小玩具等，孩子就会忘记去玩生殖器了。

4. 教育孩子不在公共场合玩生殖器

一般来说，孩子并不知道在公共场合玩生殖器是不合适的，对他们来说，这和在公共场合抓痒一样正常。在这种情况下，最重要的是向孩子解释清楚，玩生殖器是像上厕所一样的私人活动，不能在公共场合暴露自己的隐私部位。您可以外出时让孩子带上喜欢的玩具，让他把注意力转移到玩具上。如果您的孩子患有孤独症、智力发展滞后等儿科疾病，可以考虑多采用正面强化的措施，例如不玩生殖器就奖励一个物品等。

5. 开展早期性教育[1]

对孩子进行性教育既可以预防孩子遭受性侵，又有利于帮助孩子认识自己的身体，培养积极、健康的性观念。儿童性教育涵盖的内容和范围非常广泛。在学龄前阶段，您可以教会孩子认识身体，认识各种器官和功能，认识自己和父母、小伙伴之间的不同；了解什么是身体隐私，自己的隐私部位在哪里；理解别人不能随便看或摸自己的隐私

---

1 胡萍（2016）. 善解童贞 1：0 ~ 6 岁孩子的性发展与性关怀 . 南京：江苏凤凰科学技术出版社 .

部位，等等。同时也教孩子如何爱护自己的隐私部位，例如，学会自己给“小鸡鸡”洗澡；如果总是玩“小鸡鸡”，它会不舒服等。其他具体策略可参考本书相关内容。

温馨小贴示

如果孩子似乎知道性行为是两个人进行的事，模拟一些性行为的动作或者场景，那么您应该提高警惕。这种情况通常是由于孩子从某些途径看到了或者经历了性行为过程，例如看到了大人的性行为或者有关性的影片、遭受性侵等等。此外，还有一些情况您需要密切关注并及时送孩子就医，例如，孩子玩生殖器的行为增多，采取各种措施也没有办法让孩子从生殖器刺激中转移；孩子玩生殖器的行为涉及另一个孩子；孩子玩生殖器的行为伴随着痛苦或者对自己身体的伤害；孩子觉得特别悲伤，凡事提不起精神；等等。

05 有没有必要对学龄前孩子进行性教育？

为什么？

对孩子进行性教育是十分有必要的，即使是在学龄前。您可能对这个话题讳莫如深，但孩子不可能生活在一个无性的世界。

您很有可能会遇到孩子们各种有关自己和他人身体的问题，例如，“妈妈，为什么女生没有小鸡鸡？”“妈妈，为什么我的乳房那么小，你的那么大？”“为什么男孩子站着尿尿？”等等。大约 2 岁时，孩子就开始认识身体的各个部分；在 3 ~ 4 岁会开始注意到男女生理上的不同。他们对这些感到困惑时，往往会求助于爸爸妈妈。有的父母能够坦然面对这些问题，但有的父母觉得尴尬，不知如何应对。不管您的态度如何，您应该明白父母是孩子性教育的启蒙者，父母的做法直接影响孩子能否建立健康的性观念。

幼儿被性侵、猥亵等新闻报道层出不穷，让很多父母担心自己的孩子遇到坏人。研究表明，在幼儿阶段进行性教育是保护孩子不受性侵害的有效措施之一。[1]您可能觉得孩子还小，性教育还太早，但是恋童癖者可不会因为孩子小而中止犯罪。

1 Ismet., S. (2017). Sex Education for Early Childhood. *Advances in Social Science, Education and Humanities Research* (*ASSEHR*), Volume 169. Atlantis Press.

怎么办?

1. 认识身体

家长应教会孩子认识身体，认识各种器官及其功能，认识自己和父母、小伙伴之间的不同。您可以在给孩子洗澡时，帮助他对自己的身体有完整的认识；还可以和孩子一起看科普视频、看绘本。绘本能从孩子的视角传达通俗易懂的道理，如《小鸡鸡的故事》《乳房的故事》《呀！屁股》《不要随便摸我》等绘本，能让孩子了解和知道如何保护隐私部位。

2. 在生活细节中渗透保护隐私的意识

在日常生活中，家长应逐步培养孩子保护身体隐私的意识与能力，比如鼓励孩子独立洗澡，洗完澡、穿好衣服后再走出浴室，换衣服避开他人，上厕所要关上门，不在孩子面前换衣服、光膀子等。大人们保护隐私的行为，会潜移默化地影响孩子。

3. 通过游戏让孩子了解隐私部位

您可以在纸上画出男孩和女孩，然后让孩子用红笔标记出男孩和女孩身体的隐私部位。孩子可能不太明白隐私部位的含义，您可以将隐私部位解释成“不可以随便让别人看，不可以让别人随便摸的部位”。告诉孩子，无论是谁，包括爸爸妈妈、爷爷奶奶、爸爸妈妈的朋友、亲戚、老师等都不可以随便看或摸你的隐私部位，你也不可以随便看或摸别人的隐私部位。

4. 通过情境扮演教孩子保护自己

通过游戏的形式，您可以教会孩子遇到危险如何保护自己。爸爸妈妈扮演陌生人，用糖果、玩具引诱孩子，教会孩子对陌生人保持警惕。教孩子当别人触碰自己的隐私部位时，不论认识与否，都要大声尖叫，然后跑开，并及时告诉父母。如果医生要检查你的隐私部位，必须有爸爸或妈妈陪着。

5. 建立亲密人清单

与孩子讨论建立一份亲密人清单，明确谁可以帮我洗澡，谁可以帮我脱衣服，谁能亲吻我，谁能抱我，爸爸妈妈不在时谁能来幼儿园接我等。您可以告诉孩子在亲密人清单之外的人，都不可以随意跟随他们去任何地方。

6. 不保护坏人的秘密

告诉孩子，如果有人想摸你的隐私部位，让你觉得不安全，要尽快告诉爸爸妈妈；如果有人伤害了你，并且威胁你要保守秘密，一定要告诉爸爸妈妈或者自己信任的人。要明确地告知孩子，我们不保守坏人的秘密，也不能帮助坏人。

7. 确保孩子对“安全”和“不安全”有清晰的理解

您可以和孩子谈论“安全”和“不安全”的感觉，让孩子理解“安全”和“不安全”情境下的不同情绪。这样，孩子更加有能力把遇到的危险告诉大人。谈论“安全”的场景，比如依偎在沙发上和你一起读书。讨论什么时候会让人感到“不安全”，比如被推下陡峭的滑梯。告诉孩子，当感到不安全时，身体会发出早期预警信号，如心跳加速、肚子不舒服、手心出汗等；如果身体有任何预警信号发生，必须告诉父母或亲密人清单上的其他人；强调父母是值得信任的，会随时帮助他们。

8. 了解其他性教育内容

学龄前性教育内容广泛，不仅仅局限于预防儿童性侵害，还包含了解生命诞生过程，理解什么是性别，发展性别认同，等等。您可以通过查阅相关书籍了解具体内容。

06 孩子总是尿床，怎么办？

为什么？

家长通常认为孩子偶尔尿床很正常。根据权威机构的建议，大多数孩子在 18 ~ 24 个月时，消化系统和膀胱基本已经成熟，可以自主控制排便和排尿。但如果孩子年龄大了，夜间仍不能自醒排尿，有的甚至一晚上两三次尿床，持续三个月或以上，那么孩子就有可能患有“儿童遗尿症”。[1]

有的家长认为孩子尿床不必去看医生，长大后自然而然就好了；还有的家长觉得孩子尿床是小孩不乖，常常加以责罚或者指责。这两种态度都是不可取的。因为尿床而受到家长的责备或者小伙伴的嘲笑，都会让幼儿内心受到严重伤害。研究表明，超过半数患有遗尿症的孩子会出现不同程度的心理障碍，例如，感到孤独，有社交焦虑，感到自卑、焦虑等等。[2]这些心理障碍甚至还会延伸至成年。

那么，遗尿症是由什么引起的呢？在生理方面，主要是由于遗传影响和身体疾病影响。如果父母双方有尿床史，那么孩子更有可能尿床；

1　Kessel, E. M., Allmann, A. E., Goldstein, B. L., et al. （2017）. Predictors and Outcomes of Childhood Primary Enuresis. *Journal of the American Academy of Child & Adolescent Psychiatry,* 56（3）: 250–257.

2　郭骏，孔院容，王金叶，等（2017）. 黄冈市黄州区 5 ~ 7 岁儿童原发性遗尿症及其致心理障碍的流行病学调查分析 . 实用预防医学，24（5）：590–593.

还有膀胱发育迟缓，或者由于控制膀胱的神经发育缓慢，无法唤醒深度睡眠的孩子起夜，缺乏抗利尿激素等等，都有可能引发“遗尿症”。其次，父母的养育方式也有影响。有研究表明，尿不湿使用的时间越长，孩子发生遗尿的概率就越高。[1]专家们建议，应该在孩子1岁半到3岁之间，当孩子能够交流、独立穿脱裤子，并且愿意坐马桶时开始如厕训练。[2]心理因素是幼儿患“遗尿症”的重要原因之一。有的家长如厕训练不当（过于松懈或严格），不利于幼儿正常排尿习惯的形成；有的幼儿因为环境的突然变换（如父母吵架、离异、搬家转学）引起心理紧张和焦虑，导致尿床；有的幼儿睡前过度兴奋，导致睡眠过深，或者睡前摄入大量水分，容易尿床。

因此，孩子如果5岁了还频繁尿床，家长就应予以重视。在必要的情况下，孩子应及时就医。

怎么办？

1. 切勿责骂

很多家长都曾因孩子尿床而责备甚至嘲笑孩子，认为尿床是因为孩子“太调皮”。事实上，如上文提到，引起尿床的因素有很多种，有时是因为生理因素而导致孩子无法控制排尿。因一件孩子无法控制的事情而责备他，不仅有失公允，孩子还会因此感到羞愧、紧张、焦虑。因此，孩子尿床了，家长应该安慰孩子“没有关系”。

2. 排除生理疾病影响

如果您怀疑孩子有“遗尿症”，您应该尽早带孩子去医院问诊，排

1，2　郭骏，孔院容，王金叶，等（2017）. 黄冈市黄州区5 ~ 7岁儿童原发性遗尿症及其致心理障碍的流行病学调查分析 . 实用预防医学，24（5）：590-593.

除生理疾病的影响，如隐性脊柱泌尿系统疾病等。

3. 限制晚间液体摄入

每天喝足够的水很重要，根据《中国居民膳食指南（2022）》《中国学龄前儿童平衡膳食宝塔》《中国学龄儿童膳食指南（2022）》建议，2 ~ 5 岁儿童每日饮水量 700 ~ 1 000 毫升。您可以鼓励孩子白天多喝水，这样可能会晚上减少口渴。睡前尽量避免喝水，少吃像西瓜等含水分多的水果。睡前避免孩子进行非常兴奋的活动。

4. 鼓励睡前重复排尿

双重排尿是指在睡前排尿，然后在入睡前再次排尿。例如，您可以建立一个睡前小程序，先洗澡，然后讲故事，最后关灯睡觉。这样您就可以在孩子洗澡前提醒他上厕所，讲完故事后再上一次。您还需要

尿湿床啦

提醒孩子，晚上上厕所是可以的，并在家安装小夜灯方便孩子去厕所。

5. 正确看待儿童尿床现象，用关爱和支持帮助儿童摆脱尿床

● 敏感地对待孩子的感受。如果孩子感到压力或焦虑，鼓励他们表达感受，提供支持和鼓励。当孩子感到平静和安全时，尿床的问题就会相应减少。与之相反，孩子在紧张、兴奋、焦虑时会更容易尿床。因此，给孩子提供宽松的心理环境有利于帮助孩子减少尿床。

● 勤于观察，一旦发现孩子动作异常，例如躺在被子里乱动、走路时两腿紧夹等，不动声色地提醒他上厕所，不要用“快，快”催促他。

● 孩子玩得太投入时，尝试转移他的兴奋点，安排一些比较安静的活动，例如讲故事等，让孩子休息，然后适时提醒他上厕所。

● 利用绘本、童话故事等帮助孩子树立不要尿床的意识，提高孩子的自信，养成排尿的好习惯，例如《尿床大神》《尤利尿裤子》等。

● 提前做好清理准备。有条件的可以使用专门的隔尿床单或者床笠，也可在床单和被褥之间垫一层胶皮或者塑料布。

● 鼓励孩子自理。让孩子自己换床单和被褥，也可以让孩子自己清洗内裤。这种做法不仅锻炼孩子的责任感，也能避免被其他人知道后感到尴尬。

● 鼓励进步。尿床次数减少或者一段时间没尿床，及时给予表扬或者奖励，树立孩子的自信心。

07 孩子不长个，怎么办？

为什么？

虽说孩子是“有苗不愁长”，但家长们都希望孩子的身高能更加有优势。在良好环境下成长的孩子，他的成长身高很大程度上取决于遗传。研究表明，孩子身高和父母平均身高之间的相关系数高达 0.75。[1]此外，孩子的身高还和后天因素，如营养、运动、睡眠、情绪等有关系。

如何判断孩子的身高是否正常？根据世界卫生组织提供的数据，孩子 3 岁时，如果他每年长高速度少于 7 厘米，3 岁至青春期每年长高速度少于 5 厘米，或他的身高长期低于同龄人半个头，就要警惕是否存在生长缓慢的问题。如果孩子身高发展异常或突然停止、下降都可能是健康问题的征兆。有些疾病会阻碍孩子生长，导致其身材矮小，如睡眠呼吸暂停综合征。得了该疾病的孩子在睡眠时会有打鼾、盗汗、奇怪的睡姿（如头部向后，弯曲颈部）、夜间尿床等行为。此外多数慢性病，如地中海贫血、哮喘、儿童糖尿病、先天性甲状腺素功能减

1 Luo, Z., Albertsson-Wikland, K. & Karlberg, J. （1998）. Target Height as Predicted by Parental Heights in a Population-Based Study. *Pediatric Research,* 44: 563-571.

退症、生长激素缺乏症等都会影响孩子的身高。[1]

有的家长认为孩子只是有“早长”和“晚长”之分，以后就会好的。但是，如果是内分泌异常等疾病所导致的身高落后，盲目等待很难让身高达到正常。3 ~ 14 岁是“长高”的最佳年龄，不要耽误了生长“黄金期”[2]。还有家长听说打生长激素可以帮助长高，但并不是所有孩子都适合生长激素注射治疗。例如，先天遗传不足的孩子如果本来发育正常，滥用生长激素就会导致骨骺线提前闭合，反而达不到本来应有的身高水平。因此，孩子身高增长异常，应该及时去医院查明原因，在医生的指导下正确治疗。

怎么办？

1. 做好身高监测

如果家中有处于生长发育阶段的儿童，家长最好每月为孩子测量一次身高，并记录测量的数值，绘制身高曲线图动态监测。注意三个原则：同一时间，同一测量人，同一尺子。对照由国家卫生健康委员会颁布的《7 岁以下儿童生长标准》以及孩子的身高增长的速度，判断孩子的身高发育是否正常。

2. 及时检查

有问题应及时去医院检查。除了常规病史和孩子基本情况的询问，医生还会通过生化检查排除各类因素，如检查儿童体内生长激素、甲状腺水平、通过 X 线查骨龄等。早发现、早治疗是促进身高发育的最好方法。[3]

1，2　Barstow, Craig, Rerucha, et al.（2015）. Evaluation of Short and Tall Stature in Children. *American Family Physician*. 92（1）: 43–50.

3　黎海芪，毛萌（2019）. 科学评估儿童体格生长与发育 . 中国实用儿科杂志，34（10）：810–814。

3. 保证科学、均衡的饮食

掌握好饮食适量的原则，保证各种营养全面与均衡。如生长发育阶段的孩子，除每日必需营养外，还应适当添加富含钙、铁、维生素 A、维生素 D 等食物。具体可参考《中国学龄儿童膳食指南（2022）》。

4. 安排合理的作息时间

家长为孩子制订稳定合理的作息安排表，保证孩子的休息时间和每晚高质量的睡眠。孩子最好在晚上 9:30 之前入睡，以尽快达到深度睡眠状态。每天推荐睡眠时间为 10 ～ 13 小时（3 ～ 5 岁），9 ～ 12 小时（6 ～ 12 岁）。

5. 进行适量的运动

可以根据孩子的年龄、兴趣及运动发展水平选择跳跃、摸高、慢跑、

妈妈为了让我长高带我去看医生

跳绳、骑车、游泳、篮球等活动。每天保持至少两个小时以上的户外活动，其中应包含 20 ~ 60 分钟的中等及以上强度运动时间。

6. 分享故事，树立信心

如果孩子的检查指标正常，受父母身高遗传的影响，家长就可以给孩子分享自己的故事或是伟人的故事。这样可以给孩子树立信心，例如，“个子不高也没有关系，个子不高也可以成为很优秀的人”。

7. 营造温馨的家庭环境，学习情绪管理

家长首先要给孩子营造良好、温馨的家庭环境，同时培养孩子情绪管理的能力，帮助孩子排解、发泄不良情绪。健康愉悦的情绪状态也是促进孩子身高增长的重要因素。

08 孩子近视了，怎么办?

为什么？

国家卫健委数据显示，2020年，我国儿童青少年总体近视率为52.7%，其中6岁儿童为14.3%。该数据表明，我国近视低龄化问题突出。[1]近视会影响眼部的健康，高度近视还会增加青光眼、白内障、视网膜脱离和近视黄斑病的风险。[2]研究表明，近视控制可以将近视度数增加速度减缓50%。[3]因此，如何呵护好孩子的眼睛，防控近视，需要引起家长的高度重视。

近视的原因包括家族遗传和环境因素，但大多数人近视都是从长时间不良用眼开始的。每个人出生时眼的结构已经成形，但健全的视觉功能全靠后天的发育完善。[4]

儿童近视通常在5至7岁被诊断出来。如果孩子年幼时近视，那么

1 王祎（2021，7 13）. 国家卫健委：2020年中国儿童青少年总体近视率为52.7%. 中国新闻网.

2 David, T.（2021，December 17）. *Nearsightedness: What Is Myopia?*. American Academy of Ophthalmology.

3 Walline, & Jeffrey, J. （2016）. Myopia Control: a Review. *Eye & Contact Lens*, 42（1）: 3.

4 Purpura, G., & Tinelli, F. （2020）. The Development of Vision between Nature and Nurture: Clinical Implications from Visual Neuroscience. *Child' s Nervous System*, 36（5）: 911–917.

在眼睛快速生长的阶段视力就会恶化，大约在 12 岁时会迅速下降。如果孩子有以下的行为，就应警惕视力异常：

- 持续眯眼
- 需要坐在靠近电视、电影屏幕或教室前面的位置
- 似乎没有意识到远处的物体
- 过度眨眼
- 经常揉眼睛

通常来说，儿童近视的增长规律受用眼习惯的影响。长期近距离使用手机、平板电脑等电子设备，在不良光线下近距离用眼，这些行为都在潜移默化地影响着孩子的眼部健康。近视眼的度数会随着人体发育、身高的增长而增长，[1]只有身体停止发育，近视眼才能趋于稳定。

目前，近视无法逆转或治愈，但可以治疗。治疗的目标是改善孩子的视力并防止视力恶化，就是尽量让孩子的度数发展得慢一点。这对于将来保护他们的眼睛健康很重要。

怎么办？

1. 定期去眼科医院检查

建议健康儿童在 6 个月时进行首次眼科检查。尽早带孩子去眼科医院做进一步的检查，以确定是否近视，每半年定期带孩子去检测眼睛发育情况，比如视力、度数、眼轴长度等。建立屈光发育档案，不断监测屈光度和眼轴变化。

---

1 Reena, M. (2020, December 21) .*Growth Hormone Therapy and Children's Eyes.* American Academy of Ophthalmology.

2. 增加户外活动时间

医生给孩子检查视力

增加户外活动时间能降低近视风险或减缓其进展。[1]大量观察性研究及临床试验证实，每天保证幼儿不少于 2 小时的户外时间是预防近视最有效的方法之一。户外活动中重要的因素是户外，而不是活动。因此不一定要剧烈运动或锻炼身体，散步或坐着也能有效地预防近视发生。

3. 注意用眼卫生，控制使用电子产品时间

控制孩子近距离使用眼睛的时间，特别是手机、平板电脑等产品的使用时间，每次不超过 20 分钟。注意孩子读写姿势，“一尺，一拳，一寸”（胸离桌一拳，眼离书一尺，手握笔一寸），保持良好的用眼习惯，坚持“20—20—20”规则：近距离用眼 20 分钟，向 20 英尺（6 米）外远眺 20 秒，或者闭目休息 20 秒。

4. 注意室内灯光的亮度

明亮适宜的光线，可以抑制近视的发生。因此室内的光线，对孩子的视力也会有影响。建议给正在学习的孩子配备一台亮度足够的护眼灯。

1 Li, D., & Yi, P.（2019）. Effect of Outdoor Activities in Myopia Control: Meta-analysis of Clinical Studies. *Optometry and Vision Science,* 96（4）: 276–282.

5. 佩戴矫正近视眼镜，也就是常见的单光镜片近视眼镜

如果孩子近视超过 100 度，影响日常看东西，那么佩戴近视眼镜可以矫正视力。儿童好动，因此推荐选择运动型镜框。3 岁以下的儿童，最好能够在眼镜腿架在耳朵处加上一个硅胶的小垫子，可防止眼镜从耳朵上滑落。如果经济条件允许，您就可以考虑多焦距镜片（DIMS）眼镜。相关研究表明，与戴普通近视镜片的儿童相比，佩戴 DIMS 眼镜镜片的儿童在 2 年内近视进展显著减少 52%。[1]

6. 使用低剂量阿托品

阿托品 0.1% 的眼液已被证明对减少近视的进展非常有效，[2]阿托品每天在就寝时间以滴眼液的形式使用。但要注意，高剂量阿托品会导致一些副作用，因此，务必在眼科医生的指导下使用阿托品。

7. 晚上佩戴角膜塑形镜

角膜塑形镜也叫“OK 镜”（OrthoKeratology），是一种晚上使用的硬质隐形眼镜。晚上戴了 OK 镜后，白天不需要戴任何眼镜也能看得清楚。研究表明，使用 OK 镜能有效减缓近视发展速度。[3]

---

1 Lam, C., Tang, W. C., Tse, D. Y., et al.（2020）. Defocus Incorporated Multiple Segments (DIMS) Spectacle Lenses Slow Myopia Progression: A 2-year Randomised Clinical Trial. *The British Journal of Ophthalmology*, 104（3）: 363–368.

2 Kathryn, M.（2021，August 1）. *Low-Dose Atropine to Slow Myopia: Evidence and Adoption Are Growing.* American Academy of Ophthalmology.

3 Lipson, M. J., Brooks, M. M., & Koffler, B. H.（2018）. The Role of Orthokeratology in Myopia Control: A Review. *Eye Contact Lens,* 44（4）: 224–230.

09 孩子蛀牙了，怎么办？

为什么？

有些家长可能会留意到，自家孩子或者是孩子班上的同学，张嘴一笑，有一口的坏牙。有的家长担心孩子这么小牙齿就不好，会影响孩子说话、长恒牙，但有的家长不以为意，认为反正孩子长大后会换牙。那么，患龋齿是否对孩子有危害？

事实上，虽然乳牙会换，但早期乳牙的损坏，会对孩子的身体发育、未来牙齿的生长、语言发音甚至学校适应情况产生不良影响。从孩子的口腔来说，患有蛀牙容易牙痛，严重时整个牙齿都会脱落，增加孩子成人后患有牙周炎等口腔疾病的概率；蛀牙还有可能引发孩子其他部位的感染，例如肾炎等；孩子牙齿不好有可能导致咀嚼困难，进一步造成孩子发育营养不良；蛀牙情况严重，还可能导致孩子说话发音不清晰，而由于口齿不清，有可能遭到同伴的嘲笑，造成孩子的自尊心受到伤害，不喜欢学校；等等。[1]

因此，保护好孩子的乳牙非常重要，但我国超过 40% 的儿童在上

1 徐玮（2012）. 上海市 3 岁和 6 岁儿童口腔健康、危险因素及干预策略研究 . 复旦大学硕士学位论文 .

幼儿园之前就长了蛀牙。国家卫健委第四次口腔调查结果显示，5 岁儿童乳牙龋齿患病率为 70.9%。这一比例明显高于发达国家。这和家长对牙齿保护的认识有关。有一项在我国上海开展的调查研究表明，家长的文化程度越高，保护孩子牙齿的意识越高，孩子的患龋率（长蛀牙的概率）就越低，反之，则越高；由祖父母照顾的孩子的患龋率比爸爸妈妈带的要高；经常含奶嘴睡觉的孩子的患龋率比不含奶嘴睡觉的孩子要高；吃甜食越多的孩子，患龋率越高，并且口腔的健康状况也越糟糕；孩子越早开始刷牙，刷牙频率越高，患龋率就越低。[1]

可见，孩子坏牙多是由不好的生活习惯造成的。婴儿期不正确的喂养方式，例如含奶嘴睡觉，会导致牙齿长时间接触牛奶，增加龋齿的风险；孩子们都喜欢糖果、巧克力、冰激凌、饼干等，如果允许孩子吃过多的甜食就容易让孩子坏牙；如果不重视孩子养成刷牙、剔牙的好习惯，也容易导致坏牙。

因此，帮助孩子从小养成良好的习惯，维护健康的口腔环境，非常重要。那么，具体该怎么做呢？

牙疼的时候刷牙就晚了

1 徐玮（2012）. 上海市 3 岁和 6 岁儿童口腔健康、危险因素及干预策略研究 . 复旦大学硕士学位论文 .

怎么办?

给 0 ~ 2 岁孩子的建议

1. 坚持母乳喂养

母乳中含有丰富的蛋白质、脂类和碳水化合物，可以滋养还在生长发育中婴儿的口腔，对口腔健康有帮助。母乳喂养时，婴儿的口腔肌肉也会因吸吮动作而加强，有助于下颌的正确生长。同时母乳喂养能将乳牙蛀牙的概率降到最低。

2. 避免“夜奶”或高糖入睡

有很多宝宝习惯喝完奶瓶中的奶就睡觉，但是这样会导致口腔卫生问题。这些牛奶、配方奶粉或果汁残留在熟睡的婴儿的牙齿上，会导致蛀牙。您可以在宝宝喝完奶以后，用奶瓶装一点饮用水让宝宝喝，起到冲洗口腔的作用。

3. 注意奶嘴和奶瓶的使用

如果宝宝在使用奶嘴或者用奶瓶喂奶，您需要密切关注他的口腔发育。长期使用奶嘴容易使婴儿的牙齿变形，而喝奶后不刷牙是造成蛀牙的主要原因之一。建议应该在孩子 1 岁的时候开始戒奶瓶，最晚应该在 2 岁之前完全戒掉。[1]

4. 保持口腔清洁

对于没长牙的宝宝，您可以在他每次吃奶后，用干净的纱布清洁其口腔，轻轻擦拭其牙床和牙龈。宝宝长出第一颗牙以后，就要开始刷牙了。

---

1 American Academy of Pediatrics（AAP）. 2011. Nutrition: What Every Parent Needs to Know.

5. 避免和宝宝共用餐具

不要和宝宝共用餐具，大人不要用嘴嚼食物喂给宝宝，这容易把大人口腔里的各种细菌传染给宝宝。

6. 检查牙齿

建议婴儿在第一颗牙齿长出来或者 1 岁生日以后就去看牙医，之后每 6 个月检查一次。

给 2 ~ 6 岁孩子的建议

1. 挑选合适的牙刷和牙膏

和孩子一起挑选柔软的高品质儿童牙刷，手动和电动牙刷都是不错的选择。刷含氟的儿童牙膏有助于牙齿健康。

2. 教授刷牙和漱口的方法

给孩子示范正确的刷牙方法，除了强调刷上下牙以及前后牙的必要性外，还要注意刷牙的时间和时长，建议每次刷牙 2 分钟，早晚各刷一次。教给孩子清水漱口的方法以便在没有刷牙的条件下他们能保持口腔干净。在孩子能够独立将牙齿刷干净前，家长应在孩子刷牙后帮助检查。

3. 少吃甜食

尽量少吃高糖食物，如糖果、糕点、含糖饮料等，这样容易导致蛀牙。要注意果汁也是高糖食物。

4. 在换牙期多吃有硬度的食物

多吃纤维素高、有一定硬度的食物，比如整个苹果、玉米、豆类等，能够促进牙床的发育，为恒牙留出足够的位置，有效减少乳牙滞留的发生。

5. 保护六龄牙

孩子会在 6 岁左右长出第一颗恒磨牙——六龄牙，它对于其他恒牙的萌出以及排列起到重要作用。可在牙医的指导建议下进行窝沟封闭，为六龄牙穿上保护衣。

6. 了解爱护牙齿的重要性

孩子可能恐惧看牙医或拒绝刷牙，一些有趣的绘本能够帮助他，如《鳄鱼怕怕　牙医怕怕》《牙齿大街的新鲜事》《看牙医》《牙虫大搬家》等。

7. 当心甜药

有的儿童药物含有调味剂和糖。如果它们粘在牙齿上，蛀牙的概率就会大大增加。如果孩子正在服用含糖药物，请咨询牙医多久需要刷牙一次。

8. 定期看牙医

为了确保孩子的牙齿健康，需要养成定期去看儿科牙医的习惯。这样牙医可以检查牙齿是否有问题，并及时治疗。

10 孩子不愿意在幼儿园拉粑粑，怎么办？

为什么？

有的孩子拒绝在幼儿园大小便，特别是刚入园的小班孩子。这些孩子在幼儿园吃饭、午睡都挺好，但就是不愿意在幼儿园上厕所，总是憋到放学回家才大便，有时候实在忍不住还会拉在裤子里。

孩子为什么在幼儿园拒绝如厕呢？[1]

- **环境原因。**家里和幼儿园的厕所环境不一样，孩子如厕时会感到紧张，例如，孩子不习惯幼儿园的蹲厕；觉得厕所的冲水声太大了、很吓人；等等。
- **习惯原因。**孩子在家养成的如厕习惯会让他在幼儿园如厕时感到困惑，例如，依赖性强，不会穿脱裤子，大便时需要大人陪同和擦屁股；在幼儿园的一天生活太忙了，忘了去洗手间；等等。
- **心理原因。**每个孩子对如厕的心理反应不同，例如，害怕问老师要卫生纸擦屁股，担心厕所会堵住，大便会溢出；担心厕所下面是个黑洞，自己会掉进去；等等。

可见，孩子不愿意在幼儿园如厕有习惯和环境方面的原因，还有心

1 田丽华（2016）. 家园同步，使幼儿轻松如厕 . 中国校外教育，（21）：144，147.

理方面的原因。尊重孩子，帮助孩子克服困难、适应新环境是解决这个问题的关键。而且，憋屎或者憋尿都是不好的生活习惯，严重的会影响身体健康。因此，有必要采取措施帮助孩子能够在不同的环境下如厕。

怎么办？

1. 帮孩子熟悉幼儿园的如厕环境[1]

如果幼儿园与家里的洗手间不同，比如一个是蹲厕，一个是坐厕，有的幼儿会对不一样的如厕方式产生恐惧感。习惯了坐厕的孩子会不习惯用蹲厕，而习惯了蹲厕的孩子会担心自己掉入马桶。在这种情况下，家长或教师可以在孩子使用不一样的如厕方式的时候陪伴孩子，特别是在孩子年龄还小的时候。家长开始陪伴几次，慢慢地孩子习惯了之后就不需要大人的陪伴了。此外，家长可以跟老师沟通，请老师帮忙一起为孩子创设良好的如厕环境。例如，在幼儿园洗手间里贴一些孩子喜欢的贴纸、如厕步骤、小脚印等，利用标记、语言进行各种心理暗示，消除孩子的恐惧心理。

2. 提供选择

有的孩子不仅不愿意在幼儿园如厕，也不愿意在其他的公共厕所如厕。这种情况下，可以为孩子买一个车载便携折叠马桶，或者儿童便携式折叠马桶圈，让孩子先在家里习惯使用他专属的小马桶（坐垫圈），然后再把小马桶（坐垫圈）随身携带。这一方法也适用于刚入园不习惯使用幼儿园的蹲厕或者马桶的孩子。可以让孩子在幼儿园的洗手间

1　Vanderhaeghe, C.（2017）. What to Do If Your Child Won't Use the Bathroom at School. *HealthyInsides*, (1).

用自己的小马桶（坐垫圈），然后再慢慢过渡到使用幼儿园的卫生间。

3. 开展情境游戏[1]

家长可以与孩子一起玩手偶游戏，了解孩子不愿意排便的原因，同时消除孩子的顾虑。例如，拿两个娃娃（或者动物手偶），一个是不愿意在幼儿园排便而拉在裤子里的宝宝，另外一个是妈妈，创造放学回家的情境。宝宝说："今天我拉粑粑在裤子里了。"妈妈说："没有关系的。你为这件事情觉得难过吗？"……在游戏过程中家长观察孩子反应，让孩子知道粑粑拉在裤子里是很正常的事情，消除孩子的心理障碍。家长也可以在游戏中问孩子："你觉得恐龙宝宝为什么不愿意在森林幼儿园上厕所呢？"家长先了解孩子不愿意在幼儿园如厕的原因，然后针对原因解决问题。对年幼的孩子来说，在情境游戏中讨论某一问题比爸爸妈妈直接询问更能接受，更能理解、回忆起具体的情境并分享自己的想法。

4. 耐心等待，尊重孩子意愿

遇到孩子不愿意在幼儿园排便的情况，如果父母每天询问："你今天在幼儿园大便了吗？"这种焦虑容易传染给孩子，导致孩子在幼儿园排便时更加紧张。父母可以采取表扬和鼓励的做法，不强求孩子，尊重孩子的意愿，让孩子在想排便的时候去大便或者小便。

5. 设立如厕档案，调整如厕时间

如果孩子在家中如厕是有规律的，家长可以设计一份"家中如厕档案"，每天记录孩子在家的如厕情况，总结孩子的如厕规律；然后，与班级老师一起商量，孩子在幼儿园到了如厕时间就提醒孩子如厕。家长尽量鼓励孩子早晨在家大便，养成良好的如厕习惯。

---

1 徐佳妮（2020）. 幼儿如厕能力的培养策略 . 甘肃教育，（6）：89.

6. 阅读绘本，实地考察

家长可以借助一些绘本，例如《是谁嗯嗯在我的头上》《拉便便，真舒服》《小狗便便》等，让孩子了解大便的形成和排泄，知道拉粑粑是种很正常的现象，同时理解不及时排便会影响身体健康。此外，还可以创造各种机会让孩子了解不同的厕所，观看有关创意厕所的视频，逛商场、旅行途中看看亲子厕所，参观设计新颖有趣的厕所，都有助于减少孩子对不熟悉的厕所的焦虑感。

7. 选择合适的衣服

在平时上学时间，家长应该给孩子选择宽松得体、样式简单舒服、比较容易穿脱的衣服。这样既方便孩子如厕，又方便他们在幼儿园活动。

孩子不爱运动，怎么办？

为什么？

我国儿童青少年体质健康状况正面临严峻挑战，包括学生体检合格率下降、超重肥胖发生率增加及近视比例居高不下等。《学龄前儿童（3 ~ 6 岁）运动指南》建议幼儿在全天内各种类型的身体活动时间应累计达到 180 分钟以上，其中，中等及以上强度的身体活动应累计不少于 60 分钟[1]。可见，运动对孩子的发展有着不可替代的作用。可是，有的孩子似乎就是不喜欢运动，对任何体育运动的兴趣班也没有兴趣，甚至让他走一段路都怨声载道。为什么呢?

第一，随着科技的进步，孩子把越来越多的时间花费在电视、手机、平板电脑等电子设备上。家里的大人大多也是手机不离手。这就导致孩子的运动时间，家庭集体外出活动的时间大大缩减。父母是孩子的榜样，孩子的习惯和兴趣爱好往往受到父母的影响。如果大人们运动都不多，孩子自然就没有动力去运动。

第二，天生性情谨慎、内向、身体弱的孩子，在运动意愿方面也会表现得更保守一些。加之有些家长担心孩子会在运动中受伤，当孩子

1 关宏岩，赵星，屈莎，等（2020）. 学龄前儿童（3~6 岁）运动指南 . 中国儿童保健杂志，28（6）：714–720.

1 ~ 2 岁刚学会走路时，他们就开始“全方位保护”，对孩子奔跑、攀爬等运动探索行为干预太多，让孩子变得畏首畏尾，不敢自由地运动。过多的保护还会导致孩子的运动能力弱、体力差，因此孩子年龄稍大一些的时候跟同龄人的差距更大，更不愿意运动。

第三，如果孩子曾经有过不好的运动体验，例如，父母强迫孩子学习某种运动项目，不去就受到惩罚等等。或者，教练过于严厉，让孩子感到害怕或者紧张。

第四，孩子的个性特点决定了孩子喜欢的运动类型。有的孩子不喜欢团队协作类的运动，例如足球，但是喜欢一些独立完成的运动项目，例如游泳。

第五，孩子的年龄及身体动作的能力也会影响孩子对运动的喜好和

除了一个漂亮的女孩子站在那里不动，大家都在运动

选择。有的孩子可能在4岁的时候什么运动都不喜欢，但到了六七岁，运动能力增强了，又因为有了同伴的参与，就变得喜欢运动了。

怎么办？

1. 运动应以快乐、自由为目的

不要强迫孩子以比赛、获奖为目的，或者因为足球、篮球受欢迎就去学习，避免给孩子施加太大的压力，尤其是在幼儿园阶段。家长应该让孩子在运动中感受到快乐和自由，发展孩子对运动的兴趣和爱好。只有真心喜爱才有可能让运动成为孩子终身的习惯。很少有人能够对自己厌恶的事情坚持一辈子。

2. 提供选择

如果孩子五六岁了，就可以通过交谈了解孩子感兴趣的运动项目，也可以问他为什么不喜欢某项运动。家长应给孩子提供多种选择、尝试的机会。虽然运动的精神就是要坚持、不放弃，但是对于幼儿园阶段的孩子来说，让他们接触不同类型的运动是帮助他们寻找感兴趣的并且适合自己的运动的必经阶段。

3. 成为榜样

父母运动是孩子喜欢上某一项运动最重要的因素。孩子会注意并模仿成人的习惯。如果孩子看到父母喜欢运动和体育锻炼，那么他们也倾向于保持活跃。家人一起计划新的锻炼方式，可以考虑远足、骑行、露营、爬山等，在大自然中运动，孩子会更感兴趣；也可以外出旅游，特别是选择一些适合孩子运动的旅游地点。

左边这个小女孩喜欢乒乓球、哑铃、篮球等，右边这个女孩子什么都不喜欢

4. 限制孩子使用电子产品的时间，全家一起外出活动

尽量限制孩子每天使用电子产品的时间（具体的措施请参照本书的第五章），可以利用课后时间全家一起外出活动。

5. 根据孩子的年龄选择适合的运动

当孩子很小的时候，他们可能没有足够的认知能力来理解复杂的规则和游戏策略。因此，根据孩子的年龄与能力来选择尝试并参与游戏是非常重要的。例如，6 ~ 8 岁的孩子适合游泳、跑步、足球、跆拳道等运动；而规则类的团体运动，如棒球、篮球、曲棍球、排球等则需要更强的理解能力和合作意识，更适合 8 岁以上的孩子；对于 3 ~ 6 岁的孩子来说，跑跳、攀爬等活动则更为适宜。

6. 寻找运动的替代品

运动有很多种，如果孩子不喜欢足球、篮球，可以选择骑车、游泳或者跆拳道。并非只有踢球或者打球才算运动，我们也可以选择运动替代项目，如鼓励孩子跳舞、练习幼儿瑜伽或者自创游戏。家长可以和孩子一起玩室内或室外的一些游戏来加强孩子的体育锻炼。例如，老鹰抓小鸡、老狼老狼几点钟、老鼠偷油等这些游戏活动，不仅让孩子们非常喜欢，百玩不腻，还可以起到锻炼身体的作用。

7. 不要过度运动，不宜过早开展专项训练

由于孩子的身体尚在发育之中，过早进行高强度的专项训练有可能对孩子的身体造成伤害，如容易让孩子的关节、骨骼等因承受过大的压力而变形或者受到损害。

8. 与同伴一起运动

有时孩子一个人的时候不爱动起来，但是几个小伙伴一起，很自然就会你追我赶，运动起来。有同伴也更容易开展一些集体运动项目。因此，如果孩子不想参加某项活动，可以考虑叫上孩子的好朋友一起参加。

第二章

同伴交往

2

12 插班生难以适应新环境，怎么办？

为什么？

把孩子转去一所新学校从来不是件容易的事，面对新教室、新老师和新朋友，他会忐忑不安，即使是最外向的孩子也会对此畏惧。新环境带来的压力，可能会导致孩子经常不想上学；在上学路上，孩子可能会情绪崩溃，不愿离开妈妈，拒绝进园；有时甚至连饭都吃不下，晚上还做噩梦；您也有可能收到老师传来的“坏消息”，说孩子在幼儿园不守纪律、太调皮等。

对大部分孩子来说，转学的适应过程都非常困难。因此，他们在转园初期表现出的任何不适都是正常的。想一想，我们成人搬到一个新的城市，来到一家新的工作单位，尚且需要适应一段时间，对于孩子来说当然更是如此。他需要适应新的园所环境，新的一日生活作息，新老师以及新同伴等。通常来说，孩子对新班级的适应情况与以下几点密切相关：孩子与班级老师的关系，班级老师对孩子的了解程度，以及最重要的是班级同伴对孩子的接纳程度。[1]这就像我们成人到了新

1 宋菲燕（2017）. 幼儿园插班生同伴交往的调查研究——以福州市 F 园为例 . 福建师范大学硕士学位论文 .

单位后，非常希望受到新同事的欢迎一样，总会产生“不知道跟哪个新同事玩”“领导好像不喜欢我”这样的猜测和恐惧。但跟大人不同的是，孩子面对这些问题时常常束手无策，也不知如何表达自己。对年幼的孩子而言，社会性交流是极为复杂且极具挑战性的，[1]因此，您需要给孩子一点时间。

邀请新同学一起玩

怎么办？

1. 保持积极的态度

没有什么比您积极的态度更能帮助孩子保持对幼儿园的热情了。转入新园之前，向孩子介绍幼儿园好玩的地方、有趣的游戏、友

1　杰克・肖可夫，黛博拉・菲利普斯（2007）. 从神经细胞到社会成员：儿童早期发展的科学 . 方俊明，李伟亚，译 . 南京：南京师范大学出版社 .

爱的老师等等，这些都可以帮助孩子建立良好的心理预期。[1]转园初期，孩子有可能会在短暂的新鲜感过去后，出现恐惧与焦虑的情绪，面对这类情况，您需要继续保持积极的心态。您可以向孩子分享自己适应新环境的故事，或是与他共读一本相关的绘本，让孩子知道这种情绪是暂时的，完全适应需要一段时间。这样做可以帮助孩子树立信心，用更积极的态度面对适应过程中的困难。如果入园后两三个月，孩子依然感到焦虑，您应主动与老师沟通孩子的情况，共同商量应对方案。

2. 提前园访

在孩子入园前，您可以前往幼儿园与老师面谈或邀请老师家访，与老师详细沟通孩子的基本情况。您还可以利用与老师在幼儿园面谈的时机，带孩子熟悉新幼儿园的环境，陪伴他在幼儿园玩一玩。如果孩子入园前没有进行家访或面谈，一旦您感觉孩子出现了适应困难，不妨主动邀请老师家访，或者以其他方式让老师更加了解您的孩子。

3. 重视同伴交往

通常来说，如果孩子转园一段时间后仍不适应，您需要考虑以下两点：一是孩子是否适应班级老师的带班、教学风格；二是孩子是否得到了班级同伴的接纳，也就是说，孩子在班上有没有好朋友。只要孩子在班上有好朋友，适应就不是一个大问题。如果没有，您可以请老师找一位与孩子志趣相投的朋友，让他们坐在一起。还可以让老师帮忙牵线搭桥，放学后或节假日约小朋友一起出去玩，这些都可以帮助他尽快找到好朋友。然而，如果您的孩子本身交往能力比较

---

1 刘晓娜（2014）. 爸爸妈妈应该这样做 . 北京：中央编译出版社 .

弱，或者需要适应新的语言环境，他适应的困难会更大，需要的时间会更长。

4. 家园合作，共同解决

您可以主动和老师沟通，商量解决孩子适应困难的办法。孩子入园第一周，可以询问班级老师是否能陪他在班级吃早餐或进行晨间锻炼。如果您需要上班，也可以陪孩子在幼儿园玩一玩后再离开。这样做的目的是帮助孩子建立对新环境的信任感，告诉孩子“这里也是爸爸或者妈妈熟悉的地方”。您还可以和老师商量，允许孩子带一件自己喜欢的物品或者爸爸妈妈的照片去上幼儿园，这样能帮助他缓解焦虑情绪。除此之外，您还可以积极参与幼儿园和班级的活动，如当志愿者给班级的孩子讲故事等，这些行为都可以帮助孩子建立对新幼儿园的信任感。

5. 阅读绘本

阅读相关绘本，如《新来的转学生》《插班生好幸福：大雁飞来了》等，帮助孩子理解自己的处境，学会适应。在阅读后与孩子一起谈论他的感受，解释转园的安排对他有什么好处，比如能够结交新朋友等。

6. 保证足够的睡眠

对于插班生而言，充足的睡眠尤其重要。推荐睡眠时间为每天10 ~ 13小时（3 ~ 5岁），9 ~ 12小时（6 ~ 12岁），有助于给处于过渡阶段的孩子一种安全感。为了让他适应得更好，您可以在开学前几周就帮助他调整作息时间。

7. 积极面对老师的负面反馈

在孩子适应的过程中，如果新老师有一些负面反馈，例如“孩子不守纪律”或者“上课不认真”等，您最好和老师约谈，向老师介绍自己孩子的情况。老师只有充分了解孩子，才能理解孩子的处境与行为。同时告诉老师，孩子还在适应的过程中，探讨有哪些方法可以帮助孩子尽快适应。例如，处于大班的孩子，可以请老师找个别时间帮孩子梳理一日生活流程，明确班级在什么时间有哪些规则；年纪偏小的孩子，可以让老师制作一日生活的卡片，到哪个时间就提前用卡片提醒孩子，比如“收玩具”等。这些方法都能帮助孩子认识新环境，明确老师的要求，更快适应新生活。通常来说，不是孩子不愿意遵守纪律，而是他不清楚要求，或者他不知道接下来要做什么、怎么做。

8. 重视孩子的感受

如果采取了很多措施，孩子依然无法适应，您需要考虑新幼儿园是不是正确的选择。研究表明，如果老师的风格越是严厉的，高度控制的，孩子适应的困难会越大，同伴交往的能力会越差。[1]此外，如果在一日生活中，幼儿园没有为孩子们提供充分的游戏时间，那么他们也有可能因为缺乏与同伴玩耍的时间而无法融入集体。

1　宋菲燕（2017）. 幼儿园插班生同伴交往的调查研究——以福州市 F 园为例 . 福建师范大学硕士学位论文 .

13 孩子经常动手打人或被打，怎么办？

为什么？

几乎每个孩子在成长过程中都会有强烈的负面情绪，有的孩子通过打人、踢人、咬人来表达情绪，有的孩子则会大喊大叫、大声哭泣来表现不满。通常来说，孩子们在一起玩耍时，冲突和攻击难以避免，发生冲突的概率在 2 ~ 3 岁达到顶峰，然后开始下降。[1]

在幼儿园阶段（0 ~ 6 岁），有些孩子遇到冲突时，会通过“拳打脚踢”的方式解决问题，这与他的先天气质及成长环境有关。最普遍的原因是孩子目睹过攻击性行为，来自家庭的暴力威胁、爱打人的小伙伴、打打杀杀的动画片等等，都有可能成为他模仿的对象。除此之外，这个年龄段的孩子正在大量学习新技能，很容易因为无法完成某件想做的事而沮丧，从而情绪爆发、行为失控。有些时候，孩子也会因疲惫、饥饿等生理原因而发脾气或打人。还有些孩子语言发展滞后，有行为、情感或学习障碍，这些病症也会导致他出现极高水平的焦虑、恐惧、沮丧或愤怒。还有可能是心理上的创伤，如父母离婚、家人重病等引

1 杰克·肖可夫，黛博拉·菲利普斯（2007）. 从神经细胞到社会成员：儿童早期发展的科学 . 方俊明，李伟亚，译 . 南京：南京师范大学出版社 .

发了他无法自己处理的伤害和愤怒情绪，而这些情绪引发了频繁的攻击性行为。

对两三岁的孩子来说，他们也会像成人一样感到无聊、疲惫、饥饿或不知所措。不同的是，他们缺乏表达这些情绪的语言技能，这可能会让他们更加沮丧。由于他们的词汇量还没有完全发展起来，便更有可能用身体反击来表达异议。因此，通常在孩子进入幼儿园的第一年，打人或者被打的情况最多，随后逐渐好转。这主要是由于孩子年龄较小，他们的语言表达能力弱，缺乏解决冲突与问题的能力与策略，因此遇到矛盾只能“上手”。

有孩子打人，就有孩子被打。在幼儿园阶段，不论是打人还是被打通常都与在游戏过程中拒绝他人或遭到拒绝而产生的冲突有关。[1]孩子在幼儿园生活中遇到一定的冲突对他的发展来说是有益的，他们能在冲突中学习社会交往，寻找相应的解决办法。[2]当然，天天打人或者被打对孩子的发展肯定是不好的，他们需要从中学习解决社交问题的技巧，以及控制与调节情绪的方法。

怎么办？

1. 以成长型思维方式看待“打人”或者“被打”

孩子在幼儿园阶段的“打人”或者“被打”多由冲突引发，少有针对性的欺负现象。这些冲突多是因争抢玩具，玩游戏时有不同意见而产生的。因此，解决“打人”或者“被打”的问题，其实是在教孩子解决矛盾与冲突。如果您因为孩子“打赢了”而对此事满不在乎，就

1 杰克·肖可夫，黛博拉·菲利普斯（2007）. 从神经细胞到社会成员：儿童早期发展的科学 . 方俊明，李伟亚，译 . 南京：南京师范大学出版社 .

2 玛乔丽·菲尔茨，帕特里夏·梅里特，德博拉·菲尔茨（2019）.0—8 岁儿童纪律教育：给教师和家长的心理学建议（第 7 版）. 蔡菡译 . 北京：中国轻工业出版社 .

两个小朋友打架

有可能助长孩子依赖动手解决矛盾的习惯。研究表明，攻击性强的孩子难以得到同伴的接纳，容易被孤立。[1]而如果孩子“被打”时，您教育孩子“打回去”，或者找老师理论要求处罚“肇事者”，也都不是理想的解决方式。教孩子“打回去”就是在告诉孩子“打人是可以的”，而要求处罚另一个孩子也会向孩子传递“我是受害者”的信息，不利于事情的解决。

2. 发生冲突，当下立即制止

当您发现孩子打别人时，应立刻制止，平视孩子的眼睛并用坚定、

1　杰克·肖可夫，黛博拉·菲利普斯（2007）. 从神经细胞到社会成员：儿童早期发展的科学 . 方俊明，李伟亚，译 . 南京：南京师范大学出版社 .

冷静的声音告诉他："不！不可以打人！"若您在孩子每次打人的时候都能用同样的方式立刻制止，孩子就会明白这样做的后果，从而有意识地避免这种行为。当您发现孩子被打，也应该立刻制止。分开两个孩子，用平静的声音对打人的孩子说："不能打人，打人会很痛。"这样做既保护了孩子，又向他传递了一个重要的信息：打人是不可以的。

3. 帮助孩子消化情绪、解决矛盾

等孩子稍稍冷静，可以询问双方事情的经过："发生什么事情了？"不论您是否目睹了事情发生的经过，此时都不应当判官决定谁对谁错，而是倾听双方对事情的理解。然后，和孩子一起寻找解决问题的办法，例如，"你想玩这个玩具，他也想玩这个玩具，但玩具只有一个，怎么办"。如果孩子想不出办法，您可以帮忙出主意，例如，"你先玩 10 次，我从 1 数到 10，然后他再玩，怎么样"，或者"我先帮你们保管玩具，等你们商量好了再拿出来"等。这样的处理能帮助孩子形成积极解决问题的思维方式："这是我和朋友的矛盾，我要想办法解决它。"长此以往，孩子的社交能力就会越来越强，获得友谊、维持友谊的能力也会越来越强。

4. 处理情绪和处理事件同等重要

如果您的孩子容易生气，一生气就上手，那么，您需要教孩子如何处理情绪。打人事件发生后，您需要平静地和他聊一聊。最好的时间是在他冷静下来但忘记这件事之前——也就是在三十分钟到一个小时之间。问问孩子情绪爆发的原因，"你为什么对你的朋友那么生气"，并给孩子解释的机会。然后，告诉他生气是很正常的，但不能推、打或踢别人。再教孩子一些恰当表达自己有多生气的方式，如离开现场、向成人求助，或直接对朋友说出自己的感受："你拿了我的书，我很生气。"

5. 教孩子表达情绪的语言

帮助孩子认识情绪，学习表达情绪。如果孩子是“被打”的，可以教他向他人传达情感。例如，被抢走玩具时说：“你抢走我的玩具让我很生气！”可以和孩子一起讨论生气是什么样的感觉，例如，呼吸加快，感到愤怒等等。让孩子了解情绪感受、给情绪命名，目的是让孩子逐渐对情绪有自我感知。一个人如果不知道自己在生气，则无法管理自己生气时的行为。因此，让孩子知道什么是生气，生气时怎么做是解决问题的根本。如果您也不知道生气的时候怎么做合适，可以借助绘本，如《我好生气》《菲菲生气了》《生气汤》《我的情绪小怪兽》等，与孩子讨论情绪和情绪表达的方法。

6. 树立榜样

不管您有多生气，不要吼孩子或打孩子。这样做不仅不能改变孩子的攻击性行为，反而会让其攻击性行为愈演愈烈。研究表明，如果父母的养育方式是权压型的、专制的，甚至带有攻击性的，孩子更有可能表现出抑郁，情绪障碍或者强烈的攻击性。[1]爸爸妈妈在生气时采用良好的方式控制情绪，对孩子来说是很好的示范。如果您在生气的时候说，“我现在太生气了，我一会儿再回来跟你说”，那么孩子也有可能在生气的时候这样做。

7. 多和同伴玩，在“实战”中练习社交技能

随着孩子年龄的增长，您会发现孩子们“用武力解决问题”的行为越来越少。到了幼儿园大班，除了家庭环境中有暴力问题的孩子，其他绝大部分孩子都开始使用语言解决矛盾与纠纷。这是由于孩子在与

1　杰克·肖可夫，黛博拉·菲利普斯（2007）. 从神经细胞到社会成员：儿童早期发展的科学. 方俊明，李伟亚，译. 南京：南京师范大学出版社.

同龄人的相处和游戏过程中逐渐习得了许多社会交往技能。因此，不论是孩子“打人”还是“被打”，多创造和固定玩伴一起玩的机会，可以大大提升孩子的社交技能。

8. 使用策略减少攻击性行为

首先，要杜绝暴力模仿对象的出现。孩子观看的所有节目，一定要经过精心筛选，确保其中没有暴力元素，以防孩子对一些暴力行为进行模仿、学习。其次，可以增加孩子运动和游戏的时间。若孩子有充足的时间在户外玩身体运动游戏，便很少会通过攻击性行为来满足自己的需求，他会感到心情更愉悦，身体更健康，也能更好地控制自己的行为。最后，在日常生活中为孩子提供获得控制权的机会。例如，给孩子大量选择的机会，如读哪本书、唱哪首歌、穿哪件衣服等，让他有“工作”可做，拥有掌控感，这样也可以减少攻击性行为。

9. 咨询专家

注意区分孩子攻击性行为的严重程度，如果他的攻击性行为重复出现且无法改善，就有可能是孩子发展出现问题的征兆，应立即前往医院咨询医生。

14 孩子不愿意和他人分享，怎么办？

为什么？

大多数家长带孩子出去玩的时候都会遇到这样的场景——孩子不愿意分享自己的物品，无论是玩具、食物，还是公园里的秋千。这个时候，我们在一旁苦口婆心地和孩子讲道理，希望孩子将手中的物品分享给他人，却无济于事。

为什么孩子不愿意和别人分享呢？

其实，孩子对于“分享”的理解受到年龄的限制。儿童心理发展理论告诉我们，孩子的自我意识在2岁左右开始发展。在这个阶段，他们以自我为中心思考问题，在他们的世界里，什么东西都是“我的”。[1]根据塞尔曼的儿童认知发展理论，幼儿园阶段孩子的观点采择能力[2]尚在发展之中。这就意味着孩子还不能站在他人的立场，从他人的角度去理解他人的情感、思想、观点等等。随着年龄的增长，孩子开始关注他人，有了轮流和分享的概念，但分享对于他们而言，依然是

1 Berk，L.E.（2010）. *Infants and Children: Prenatal through Middle Childhood (7th ed)*. Pearson Education Inc. Boston.

2 Selman, R. L.（1975）. Level of Social Perspective Taking and the Development of Empathy in Children: Speculations from a Social-Cognitive Viewpoint. *Journal of Moral Education*, 5（1）: 35-43.

有难度的。

分享，从内涵上看，是主动自发的，分享者能够在这个过程中产生愉悦的情感体验。[1]然而，如果大人强制地分享，对孩子而言只会是“悲痛的”失去，而非快乐的过程。在这种环境下成长的孩子，可能会变得不自信，会长久地依恋和渴望自己曾错过的东西。相反，尊重孩子对“拥有自己东西”的需求，对他的选择表示支持和信任，将会为他提供快乐分享的基础。那么，如何在尊重孩子需求的前提下鼓励他分享呢？

怎么办？

1.明确“分享”的含义，不分享≠自私

我们希望孩子学会分享，分享表面来看是孩子“将自己的东西给他人”，但其实更重要的是孩子能够从中获得快乐的体验。切忌给孩子贴标签，不分享并不等于自私。分享就像许多其他的技能一样，是孩子在社会交往、情绪和认知发展中习得的。每个孩子都有自己发展的节奏，家长要给孩子时间。

2.示范、模仿和练习分享

在日常生活中，成人示范和模仿分享的行为也可以帮助孩子理解分享的好处。例如，“这是佩奇的积木，这是乔治的小汽车，佩奇向乔治分享了她的积木，乔治也分享了他的汽车，这样他们就都有新的玩具玩啦”！还可以和孩子一起玩轮流和分享的游戏，例如，“现在轮到我来搭这座桥了，然后就到你啰”。多多练习，直到孩子掌握这一项技能。需要注意的是，跟孩子笼统地说“你要分享啊”，孩子往往对此无所适从，

1 嵇珺，刘晶波（2011）. 幼儿分享教育的价值与实践改进 . 学前教育研究，（12）：52–57.

因为他们还不能理解分享的概念，也没有掌握分享的技能。因此，示范、不断地在真实情景中练习才能让孩子更快地掌握该技能。

3. 给孩子提供分享的机会

在有的家庭里，尤其是大人很多、孩子很少的家庭，孩子非常缺乏跟同伴一起玩耍的机会。在这种情况下，家长要特别注意孩子的社交。没有上幼儿园之前就要邀请附近的小朋友一起玩。当小伙伴在一起玩时，家长还可以给孩子创设分享的机会，例如：邀请孩子和同伴分享他自制的饼干（确保孩子自己有一份），并引导他观察大家的表情，让孩子发现分享是可以让别人开心的。这不仅让孩子有了分享的经验，也让他感受到了分享的乐趣。

4. 提前计划，尊重孩子的决定

当家里要来小朋友时，提前询问和倾听孩子的需求，明确哪些物品是可以和同伴分享的，哪些不可以。帮助孩子把不想分享的玩具提前

轮流玩玩具

收拾好。同样地，当孩子要去别人家玩的时候，带上他愿意分享的玩具去玩，这会让孩子感受到，您理解有些东西对于他来说非常珍贵，并且尊重他的感受。

5. 从轮流开始

有时候，从孩子的视角来看，他们会觉得“分享”后，东西就没有了。可以尝试从“轮流”开始，让孩子直观地感受到，他们喜爱的玩具是会回来的。在分享的过程中，您可以和孩子反复确认：“他会还给你的，玩具还会再回来。”您还可以提供一些策略，如提供计时器、

如果你不分享玩具，就只能一个人玩

沙漏，或者邀请孩子在等待时做其他的事情，等等。随着时间的推移，孩子会逐渐掌握这些策略，也会发展出他们自己的分享策略。

6. 及时肯定孩子的分享行为，理解孩子的情绪

当孩子第一次自发地分享了他的玩具后，您可以告诉他：“我知道你肯定很想玩这个玩具，但是你还是和你的朋友分享了。”孩子可能会在等待的过程中感到焦急和失落，您应该理解他的情绪：“我知道你想玩这个玩具，但现在其他小朋友在玩。我知道等待是一件很困难的事情，等的时候，你可以先玩别的玩具。”

7. 鼓励合作，创设一起玩耍的机会

创设情景，鼓励孩子合作游戏。“我们都想要炒菜，可是这里只有一个铲子，怎么办？”您可以向孩子提出问题，并引导他们找出解决问题的办法。

15 孩子之间“拉帮结派”，我的孩子被排挤，怎么办？

为什么？

上千万小时的观察和研究表明，对于幼儿来说，经营、维持和同伴的交往与游戏是一项非常复杂的任务，需要复杂的语言、情绪控制与识别能力、社会交往技能等等。[1]如果孩子缺乏这些技能，那么在游戏时很容易遭到拒绝，而被“排挤”。除了幼儿本身的能力，幼儿（6岁之前）的友谊通常取决于两大因素，一是熟悉程度，二是匹配程度，即是否有相同的兴趣爱好。对于幼儿来说，游戏是一项很复杂的活动，加之幼儿本身的语言能力有限，因此，能够顺顺利利、痛痛快快地和同伴一起玩游戏是很不容易的。相比之下，熟悉的朋友玩起来更有默契，且兴趣相投，还省去了语言沟通的成本，协作完成游戏要容易很多。因此，幼儿阶段的好朋友通常是在一起“玩得很多”的、都有共同喜爱的玩具的。

儿童同伴关系的发展通常分为几个阶段。在学步儿（大约2岁，托班）阶段，随着社交萌芽，孩子们之间的肢体冲突、攻击性行为如咬人、打人在2～3岁达到顶峰，随后开始下降。如果您的孩子在托班、

1 杰克·肖可夫，黛博拉·菲利普斯（2007）. 从神经细胞到社会成员：儿童早期发展的科学. 方俊明，李伟亚，译. 南京：南京师范大学出版社.

她们不愿意和我玩

小班（约3岁）偶尔被咬或者被打（未对身体健康造成实质伤害），其实是非常正常的，大部分孩子也都有过打人或被打的经历。这对他们融入班集体，学习如何跟同伴交往是有益的，因为幼儿正是在冲突之中学习同伴交往的技能的。[1]但是，如果您的孩子频繁地（一天好几次）攻击别的孩子或者被攻击，就需要引起重视了。到了5岁，孩子们之间会形成更加牢固的友谊，一次游戏所能参加的幼儿人数也增加了（3人以上）。在这个年龄段“拉帮结派”的现象才开始出现。即使这样，这个年龄段幼儿的“好朋友”依然是依赖游戏情境的——“懂我们游戏的”就是好朋友，反之则不是。因此，这并不是成年人意义上的“拉帮结派”。

1 杰克·肖可夫，黛博拉·菲利普斯（2007）. 从神经细胞到社会成员：儿童早期发展的科学. 方俊明，李伟亚，译. 南京：南京师范大学出版社.

在这个年龄段，排斥同伴可能的原因通常有：很熟悉现有玩伴，想保护现有的友谊或者游戏；对新朋友、新玩具产生紧张、焦虑，怕被“抢走”；曾和新朋友有不愉快的经历；担心多个朋友一起加入游戏后难以掌控，不愿意分享游戏的控制权；由于性别、性格差异而排斥；对游戏有先入为主的既定想法；担心新朋友有可能引起其他人恼怒的行为（如捣乱，不遵守规则）；等等。这里需要注意的是，发展滞后或者患有注意缺陷与多动障碍（多动症）、孤独症等社会交往困难的儿童比其他儿童更容易遭到同伴的拒绝。[1] 这些儿童需要高强度的、专业的针对社会交往方面的干预来提高同伴交往能力。

遭到同伴拒绝是一件令人非常难过的事情。孩子可能由于情绪压力而出现如下情况：竭尽全力模仿别人以获得认可；产生焦虑行为（例如，上幼儿园前大发脾气）；行为方面有突然的转变（例如，总表现出难过）；上学前出现身体不适（例如，头疼、胃疼、打不起精神来，要求在家休息）；跟爸爸妈妈说在幼儿园只能一个人玩，没人陪自己一起玩；抱怨同学不喜欢自己，“他们不跟我玩”；出现自我伤害的行为、出现睡眠障碍（经常做噩梦、入睡困难、过度睡眠）；改变饮食习惯；等等。

父母看到孩子如此难免焦虑，但首先不应该“替孩子”激化矛盾，去“投诉”或者“教训”排挤自己孩子的同伴，这样做只会让孩子更加被孤立。此外，如果给孩子传递这种“被人欺负”的“受害者”情绪，只会让孩子对其他孩子有更深的“敌意”，从而在社交上更加退缩或者具有攻击性。

1 杰克・肖可夫，黛博拉・菲利普斯（2007）. 从神经细胞到社会成员：儿童早期发展的科学 . 方俊明，李伟亚，译 . 南京：南京师范大学出版社 .

怎么办？

1. 父母要肩负教育的责任

从婴儿时期开始，父母就要坚持自己带孩子。“带孩子”就意味着管着孩子的吃喝拉撒睡。只有在这样长久的相处中，您才能理解孩子并与孩子建立好信任关系。从理论的角度来讲，这种关系叫作“依恋关系”。[1]研究表明，婴儿早期的安全依恋能够让孩子感到安全，并且使他能够积极地探索周围的环境和人，从而成为幼儿园受欢迎的小朋友；反之，不安全依恋会让孩子的同伴交往受限制，因为一个容易生气、常常哭闹的孩子无法愉快地跟同伴游戏。到了孩子有同伴意识的年龄（1.5 岁左右），要有意识地给孩子安排跟其他同龄孩子一起玩的机会，并且教给孩子一些社交技能，例如“轮流玩”“分享”等等。父母应该意识到帮助自己的孩子学习怎么跟别人玩是为人父母的职责之一，而不应该认为这是幼儿园老师的职责。只有父母具备这种意识，孩子才会具备相应的安全感和交往技能，才能在幼儿园的学习和生活中成功适应。

2. 善于发现，认真地聆听孩子

您可以多鼓励幼儿讲述幼儿园生活，针对他所诉说的内容具体地问，例如，“你今天在教室和谁一起玩的”。如果孩子表露出不开心，就继续询问为什么。如果孩子常常跟你说“没人和我一起玩”，就应该引起重视。

3. 控制自己的情绪

得知孩子受到排挤，您感到愤怒是非常正常的。但不能在孩子面前

1　详细解释请参照本书第四章的《孩子刚上幼儿园总哭，怎么办？》。

爆发您的情绪，切勿责骂孩子“被欺负”“没用”，这样做可能导致孩子很难与您坦诚沟通。

4. 用语言帮助孩子表达感受，鼓励孩子诉说

您可以询问孩子“是不是很伤心”“是不是很害怕”，通过谈话帮助孩子识别自己的情感。聆听孩子的哭诉，让孩子把内心的痛苦发泄出来。尽管遭遇了友谊挫折，孩子仍然能在爸爸妈妈身边感受到爱，拥有安全感，这样能避免孩子把自己看作“被排斥”的人。

5. 积极与老师沟通，帮助孩子客观地思考被拒绝的原因

是因为年龄不合适，还是因为缺乏加入同伴游戏的技能，或者没掌握游戏的玩法？要了解问题到底在哪里，家长应该积极与老师沟通，请老师在班级中密切地观察孩子，了解孩子被拒绝的原因。是玩游戏时容易跟同伴有冲突，还是跟别的孩子喜欢的游戏不一样？或者他想加入的那些孩子经常课外一起玩？了解原因后，家长应该积极与老师配合，针对原因，解决问题。如果家里都是大人，孩子课后没有玩伴，就应该努力创造课后和固定班级同伴玩的机会；如果是孩子缺乏技能，就应该家园一起教给孩子与同伴交往的技能。

6. 练习社交技能

首先，家长要帮助孩子练习加入其他孩子游戏的技能。和孩子一起想出 4 ~ 5 个加入游戏的方法，讨论这些方法的好处，并且带着孩子实施。记住，最重要的是，需要不断地练习。教孩子加入游戏的方法，例如教给他常见的友谊邀请语：“怎么才能加入你们的游戏？”在游戏中加入新点子：“我们可以这样玩……”；分享自己的快乐：“这是我的新玩具，我们可以一起玩。”但是，问同伴“我可以加入你们吗？”通常不是一个好主意，因为其他孩子往往会直接回答“不行”。

如果家长找不到好方法，可以观察同龄的其他孩子是怎么加入一个正在进行的游戏的，然后把这个方法教给自己的孩子。通常来说，让自己的孩子在其他孩子旁边玩类似的游戏，然后看到别的孩子需要什么去帮忙，或者以角色的方式加入，则更容易被接纳。

其次，要教会孩子如何接受拒绝。帮助他表达被拒绝后的想法，例如，“你这样说我很不开心。我去玩别的”，或者“我会玩。你告诉我方法我就会玩了”。让孩子感受到无论是否能够加入游戏，这是我自己的选择，我有权选择。

7. 促进友谊，鼓励孩子结交其他朋友

鼓励孩子转移注意力，结交其他朋友。您还可以选择一个周末，安排孩子和班上其他孩子聚会游玩，让孩子建立自信，向孩子传递“每个人都可以成为我的朋友”的观点。避免给孩子灌输“他们应该跟我玩才对”或“迎合别人”的观点。还可以问问孩子，在班上他喜欢跟哪个孩子玩，然后主动邀约对方玩。这里需要注意的是，要多次主动让两个孩子单独一起玩。这样能够尽快增加两个孩子的熟悉程度，熟悉后他们就会在班级一起玩。

8. 引导孩子接受暂时的挫折，鼓励孩子独处

如果孩子能够将被拒绝很好地归因，认为“被拒绝了也没关系，我可以找其他人”，则能很好地化解挫折，接受“被拒绝”。如果不能，您可以告诉孩子：“你会有更多时间跟你自己喜欢的玩具在一起，当你想要跟别人玩的时候，你可以大方地问如何才能参加游戏。如果遭遇拒绝，也没有关系，还有很多别的玩具可以玩！也有很多别的小朋友可以一起玩！”同时，您也可以引导孩子发现自己的优点，例如，给您的孩子一个小海报板，让他思考自己的优点或者趣事，鼓励他画下来，增强孩子的自信心。

16 孩子总是咬人，怎么办？

为什么？

从婴儿时期咬妈妈的乳头，到一两岁时出现咬人的行为，孩子的这种“攻击性行为”是不是让您倍感苦恼？但对于3岁以下的孩子来说，这些是他们在成长过程中的正常表现。

婴儿在长牙时期，会通过咬东西、咬人来帮助自己缓解牙龈肿痛。同时，“咬”也是婴幼儿探索世界的方式，他们喜欢用嘴巴来感受身边的事物。这个年龄段的孩子还会借助“咬”来表达自己。由于语言技能的缺乏，当孩子产生兴奋、沮丧、焦虑、无聊等强烈的情绪时，就会用“咬”来传递感受。由于自我控制能力尚未建立，有的孩子在感觉被冒犯时也会咬人，这种情况经常发生在与同伴玩耍的过程中。还有的孩子咬人只是为了做个实验，看一看被咬者的反应。孩子的咬人行为也有可能是出于模仿，如果您的孩子看到过其他孩子咬人，或自己被人咬过，便极有可能进行模仿。

对于蹒跚学步的孩子来说，咬人、打人是发展的必经阶段，也是孩子探索世界的一种方式，[1]但这并不意味着您应该对其忽略不管。越来

1 杰克·肖可夫，黛博拉·菲利普斯（2007）. 从神经细胞到社会成员：儿童早期发展的科学 . 方俊明，李伟亚，译 . 南京：南京师范大学出版社 .

我被咬了，好伤心

越多的研究表明，孩子在小学阶段、青春期持续的攻击行为及遭到同伴的拒绝和排斥，其根源可以追溯至孩子 3 岁时的破坏性行为。[1]这也就意味着，如果您的孩子在 3 岁时有强烈的攻击行为，没有得到及时的调整和干预，那么他有可能将这种行为延续到小学阶段甚至成年。因此，您要让孩子知道攻击性行为是一定不会被接受的，并且教他正确的表达方式。

怎么办？

一、当咬人的行为发生时

1. 立即制止

用坚定而冷静的态度对待孩子咬人的行为，简单、直接地告诉孩子“不可以咬人”，这样可以让他意识到咬人是不被接受的。如果您的态度是“很搞笑”或者“别人咬你，你就咬他”，那么孩子得到的信息是“咬人是可行的”。即使是在您的孩子被别的孩子咬了而反咬的情况下，

1　杰克·肖可夫，黛博拉·菲利普斯（2007）. 从神经细胞到社会成员：儿童早期发展的科学 . 方俊明，李伟亚，译 . 南京：南京师范大学出版社 .

这种做法也是不合适的。一旦孩子认为咬人这种做法是被允许的，日后，他很有可能会依赖这个办法来解决冲突与矛盾。然而，一个有攻击性的孩子是很难得到同伴的接纳的。当然，过度反应也是不合适的，例如，表情夸张、语调升高甚至拍孩子一巴掌，这样做只会适得其反，强化他的不良行为。

2. 表达理解

让孩子知道您理解他的挫败感、伤心等负面情绪，您可以说："我知道有人拿走了你的玩具，所以你很生气。"如果您的孩子习惯您用身体的安抚来帮助他平静，那么您可以拍拍或者抚摸他的背，帮助孩子平稳情绪。不论您的孩子是第几次咬人，您都需要安抚他的情绪，而不是一开始就批评教育。在大多数情况下，咬人的孩子和被咬的孩子一样有强烈的挫败感或者愤怒情绪，同样需要安抚。

3. 给予被咬者充分关注

如果是您的孩子咬了别人，当您的孩子情绪稍稍平稳，您需要带着他一起安慰、关心被咬的人。当然，这时强迫孩子道歉不是好办法。您可以给孩子解释："你看，你的朋友被咬了，很疼。你如果摸一摸他，他就不会那么难过了。"如果孩子不愿意或者还不具备相应的表达能力，您可以代替孩子向对方致歉或者安慰他。这是在给孩子示范如何表达同情与善意，给他树立榜样。对于想通过咬人获得关注的孩子来说，他也会发现这样的行为是无效的，还会给他人带来巨大的伤害。

4. 不让孩子从攻击中获利

当孩子多次尝到咬人带来的甜头，比如，得到自己想要的东西，做自己想做的事，就有可能不断地使用这一“上策”。如果孩子通过咬人得到了小伙伴手中的玩具，您需要果断地收回这个玩具，让他知道咬人并不是有效的沟通和解决问题的方式。

二、平时的预防措施

1. 教给孩子替代的方法

告诉孩子，当他生气或厌烦时，除了咬人还有其他选择，他可以说“我不想”“我不喜欢”，或者找老师、妈妈帮忙等等。要让这一方法奏效，在使用时您需要做到以下两点：首先，要把替代的方式（您期待看到的方式）当作某一种技巧，不停地练习。可以在家跟孩子玩“我不喜欢”的游戏。给孩子一些玩具，让他选出“喜欢的”和“不喜欢的”，一边选一边说。还可以用手偶讲故事，将孩子经历的事情编成故事，邀请孩子用正确的方式解决问题等。其次，只有当孩子出现您认为合适的行为时，他才可以得到想要的东西或者关注等。例如，只有孩子说出“我不喜欢”，妈妈才给孩子拿他喜欢的鞋子、衣服、食物等。这种方法重要的是让孩子正确的、合适的行为得到奖励——获得食物、玩具、关注等，让不合适的行为得不到关注或者鼓励。

2. 强化好的行为

不要只在孩子出现“咬人”或者其他不好的行为时才关注他。例如，当他问您“吃完饭能不能看动画片”，而不是以咬人来强迫您打开电视时，您要及时表扬他，用语言表达愿望是非常棒的行为，鼓励他继续这样做，并陪他一起看一会儿动画片。时间一长孩子就会自己体会到好好表达的力量。

3. 找到孩子咬人的规律

留意孩子通常是何时、为何以及如何咬人，如果孩子只在幼儿园出现咬人的情况，那可能是由于缺乏“社会经验”，不知道和小伙伴发生矛盾时如何处理。例如，他抢我的玩具，所以我咬他。如果孩子的咬人行为总发生在没有午睡的日子里，则说明休息不足极大影响了他的情绪稳定。一旦确定了孩子咬人的诱因，就可以采取措施，让孩子感到安全或舒适，从而减少咬人的欲望。[1]

4. 提供“咬”的替代物

为正在长牙的孩子提供牙胶或磨牙玩具，帮助他缓解牙床的不适；面对爱咬人的小婴儿，也可以准备毛巾一类的物品作为替代，请他在烦躁或沮丧时咬毛巾，而不是咬爸爸妈妈或小伙伴。

5. 不做行为误导

与孩子互动时，不要把咬人当作游戏，比如，一点点咬他的手指或轻咬他的手臂都是不合适的。这会向孩子传递错误的信息，让他认为咬人只是为了好玩儿，自己也可以这样做。

6. 寻求专业帮助

如果孩子的咬人行为变得极端或持续时间较长，请及时咨询儿科医生，排除潜在的发育问题，如语言表达延迟、感觉统合失调等等。

1 Iannelli, V.（Dec. 21, 2020）. What to Do If Your Child Is Biting Other Children at Daycare. *Verywell Family*.

17 孩子总是不愿意跟别人玩，怎么办？

为什么？

上幼儿园一段时间后，有的家长收到了老师的反馈：孩子不太愿意和别的小朋友交往，在班级里常常一个人玩，即使偶尔跟其他孩子一起玩，时间也比较短暂，没有开展深入的游戏。通常来说，首先发现孩子同伴交往问题的是老师，这主要是因为在家里大人多而孩子少，往往难以发现孩子跟其他孩子交往的问题。即使是父母注意到自己的孩子不合群，或者总是显得和其他孩子“格格不入”“没有交集”，或者“冲突不断”，孩子此时都已经有五六岁了。这是因为这个年龄段的孩子开始有清晰的“友谊”的概念，会有意识地跟自己的好朋友一起玩，那些不善于交往的孩子的行为问题就会凸显出来。您可能担心孩子的“不合群”会影响他长大后的社交能力，甚至心理健康。那么，孩子为什么不喜欢跟其他孩子玩呢？

事实上，每个孩子在成长的过程中或多或少都会遇到一些跟同伴交往的问题。这是他们学习社会交往能力很重要的一步。有的孩子天生喜欢独处，性格内向，更喜欢安静，有没有朋友一起玩都没关系；有的孩子所在的家庭，大人很多，而孩子只有一个，从出生到上幼儿园都是大人陪着玩、围着他转，很少跟其他小朋友交往，导致孩子不知道怎么跟其他孩子玩；有的孩子因为家里老人带得太过细致，包办太多，加上跟其他孩子一起玩的机会少，所以缺乏社交能力，害怕跟其他孩子交往；有的孩子在交往过程中有过很不愉快的经历，例如被强迫分享玩具等，因而对和其他孩子玩产生抗拒心理。

那么，“不跟其他孩子玩”到底有没有关系呢？有关系，而且在幼儿园阶段孩子是否能够发展良好的同伴关系非常重要。研究表明，如果孩子在幼儿园阶段就常常遭到同伴的拒绝或者不能维持良好的同伴关系，那么这个孩子在进入小学甚至中学之后依然会有同伴交往方面的问题。[1]一个在幼儿园大班没有好朋友的孩子，到了10岁依然在处理同伴关系方面困难重重。此外，同伴交往的问题还会影响孩子是否愿意上学、乐意上学，进而影响其学业成绩。最为重要的是，在幼儿园阶段有良好的同伴关系可以预防孩子后期的心理健康问题。[2]

既然，“孩子不跟其他孩子玩”看似问题很小，实则是大事，那么怎么办呢？导致这一问题的原因有很多，家长应仔细观察孩子，分析原因，然后再“对症下药”。需要提醒您的是，任何方法都不可能立竿见影，您需要做好长期帮助孩子的准备。此外，“孩子不跟别人玩”还有可能是发展异常的早期迹象。例如，“同伴交往困难、社交障碍”通常是判断儿童是否患有孤独症的重要指标。家长应予以重视，并及时带孩子就医。

1，2　Hay., D. (2005). Early Peer Relations and Their Impact on Children's Development. In: Tremblay RE, Boivin M, Peters RDeV, Eds. Boivin M, Topic Ed. *Encyclopedia on Early Childhood Development*.

怎么办?

1. 找出原因

家长应仔细观察孩子不跟别的孩子玩时的具体情况，找出问题到底在哪里：是说话不清楚，没法跟别人沟通，还是不愿意跟别人分享玩具？或者常常误会同伴的意思，看到别的孩子来了就觉得玩具会被抢？又或者攻击性强，看到别的孩子手里有玩具，一言不合就开抢？孩子是不是常常在正在玩游戏的孩子旁边徘徊、观望，但是不知道怎么加入游戏？根据观察结果，在家里适当地练习需要的技能。例如，孩子容易跟别的小朋友抢玩具，发生矛盾，就和妈妈一起练习轮流玩；练习友好地询问："轮到我玩了吗？"如果孩子不知道如何加入其他孩子的游戏，最好的办法是让孩子观察其他小朋友是怎么加入游戏的，然后帮助孩子练习这一项技能。

2. 寻求幼儿园老师的帮助

您需要多和老师沟通孩子在幼儿园与同伴交往的情况。具体了解以下细节：在什么情况下孩子难以与他人相处？孩子需要学习哪些特定技能？父母在家可以如何配合老师教孩子这些技能？每隔几周进行跟进，向老师了解孩子取得了哪些进步以及需要进行哪些调整。

3. 演练孩子与他人互动所需的技能

教孩子技能，而不是口头说教。正是因为孩子不理解什么是"分享"才会与同伴发生矛盾，所以家长反复向孩子强调"你要分享啊"是没有意义的，应该教孩子非常具体的方法。您可以通过演示、练习告诉孩子什么是分享、轮流玩，用语言表达沮丧等负面情绪，而不是通过"咬人"或者"打人"。练习问简单的问题，比如"我可以和你一起玩吗？"或

他不和我们一起玩

者“你想和我一起读这本书吗？”以及如果对方说“不”，孩子该如何回应。还可以和孩子玩角色扮演的游戏，或者用手偶表演故事。可以把孩子在交往中遇到的困难表演出来，通过表演告诉孩子解决困难的办法。

4. 通过画画来学习交往技巧

您可以和孩子一起画画，画出好朋友以及和好朋友一起做了什么。把这些画挂在孩子的房间里，睡前可以跟孩子聊一聊和朋友在一起都发生了什么事情，以及如果发生矛盾，下次可以怎么做。

5. 提供以友谊、合作、善良、与人相处等为主题的书籍

有很多关于友谊的绘本可以帮助孩子学习如何和他人相处，例如

《我的兔子朋友》《南瓜汤》《西奥多和会说话的蘑菇》《安格斯和猫》《我有友情要出租》《不可思议的朋友》《小白找朋友》《胆小驴和胆大鼠》等等。您可以和孩子谈谈他对书中角色的理解，说说主人公做了什么或者说了什么让他们的好朋友感到不舒服等等。

6. 创造条件让孩子跟同伴玩

孩子练习与人相处的机会越多，社交能力就越强。您可以为孩子安排各种和同伴一起玩的机会，既可以是几个小朋友一起玩，也可以是一对一的单独玩。您可以主动创造机会，邀请孩子信任的小朋友来家里玩。建议开始时约一个孩子喜欢的玩伴，然后逐渐增加邀请的人数，以此加大社交复杂度。如果孩子说没有喜欢的玩伴，那就找一个有相同兴趣爱好的孩子玩，这样他们会比较容易成为朋友。

7. 孩子与同伴发生冲突，不要着急干预

如果您看到孩子与其他孩子发生冲突，要克制住马上制止的冲动，让孩子自己尝试解决，或者让其他孩子先纠正他。如果问题逐渐升级，您可以介入，问："发生什么事了？""你觉得有什么办法解决这个问题？"如果孩子年龄还小，语言表达能力有限，您可以给出解决问题的办法。不要因为矛盾而责怪自己的或者别人的孩子，可以把冲突看成孩子学习解决矛盾的机会。

8. 及时表扬

和朋友一起玩，是孩子获得关注的一种方式。要给孩子足够多的积极关注，比如当他愿意分享，或用语言表达需求，或以积极的方式处理问题时，您要及时给予肯定，准确地指出他什么地方做对了，说出这样做有多好。

9. 注意孩子语言能力的培养

不会表达的孩子在社会交往过程中往往面临更多的挑战。语言的发展需要较长时间，不可能一蹴而就，提高孩子的语言表达能力是一个日积月累的过程。您可以通过阅读绘本，学习绘本角色主动加入游戏的语言，带孩子一起练习。例如，先对孩子说“我也来做饭吧”，再鼓励孩子把绘本中学到的语言运用到真实情境中。但是，值得注意的是，如果您孩子的语言能力明显比同年龄的孩子要差，您应该对此重视。因为语言滞后往往是孩子发展异常的信号，您应该带孩子及时就医。

10. 家长榜样示范

在日常生活中，您要为孩子树立榜样，比如见到朋友、熟人主动问好，多用礼貌用语，待人接物周到得体……父母的言传身教，会对孩子产生潜移默化的正面影响。孩子能通过模仿您从而学习更多的社会交往技能。

18 兄弟姐妹经常争吵打架，怎么办？

为什么？

爸爸妈妈都希望孩子们能够和谐相处，但是兄弟姐妹之间的竞争是他们成长过程中很自然的一部分。伊利诺伊大学的一项研究发现，3 ~ 9岁的兄弟姐妹通常一小时争吵几次。很多时候，孩子们打架是因为他们饿了、累了、无聊了，或者他们想得到爸爸妈妈的注意。有时他们争吵仅仅是因为厌倦了经常在一起。

在年幼的孩子中，兄弟姐妹之间的争斗经常会发生，因为他们不知道如何恰当地表达困扰他们的事情。这就是为什么蹒跚学步的孩子喜欢咬和打，而大一点的孩子会冲动地说出他们不是真心想说的话，例如"我讨厌你"，很容易把一场小争论变成一场大战役。

从皮亚杰的"儿童个体认知发展理论"来看，0 ~ 2岁的幼儿处在"感知觉运动阶段"，通过与周围环境的感觉运动接触以及这些接触行动所产生的结果来认识世界，也就是说"动手"是他们感知世界的主要方式。此外，幼儿园阶段的孩子依然是以"自我为中心"的，难以做到"换位思考"。因此，如果家里有两个该阶段的孩子，争抢、啃咬、发生物品的归属矛盾会是家里的常态。父母不当的反应和干预，像大喊大叫，或者言辞激烈，也可能让他们再次打架。这些行为或惩罚可能会加剧孩子的愤怒情绪，并导致他们出现更多的暴力行为。[1]

然而，兄弟姐妹间争吵打架也有好处，比如磨炼社交技巧，学习谈判和妥协。但是，频繁、激烈的打架会增加孩子患抑郁症和焦虑症的风险，还会降低他们的自尊心。研究表明，经常打架的兄弟姐妹成年后更有可能参与违法行为。

那么，如何改变孩子们之间的“争斗”模式？研究表明，让他们学会在没有父母的情况下解决争端和分歧是关键。另外，表扬和鼓励孩子们积极互动的行为，让他们感到相互间是队友而非竞争对手，也非常有效。

怎么办？

一、如果孩子们正在争吵打架，您可以这样做：

1.鼓励孩子自己解决问题

当孩子们发生争吵时，如果没有肢体冲突，那么您可以选择在一旁观察。然后，让孩子们知道您希望他们自己解决冲突。如果必要的话，您可以在一旁以同伴的身份给出建议或者提出解决问题的办法。这里要注意的是，4 岁以下的孩子很难想到并说出解决办法，因此需要家长更多的支持和帮助。您可以提供选择，例如，询问孩子“我们是抽签还是石头剪刀布”。您可以把您想要的答案放在末尾，3 岁以下的孩子在比较选项中通常更倾向于选择后者。

1 张雪丽（2015）.“单独二胎”新计生政策下儿童同胞关系及相关因素研究 . 四川医科大学硕士学位论文 .

我和弟弟妹妹打起来了，爸爸妈妈也发火了

2. 保持冷静

如果孩子们已经“打起来了”，您冲进“战区”，大吼一声“马上停下”，这可能会让孩子们陷入短暂的沉默，但并不能阻止他们在您离开房间后重新“开战”。因此，您需要保持冷静，先上前把“打得正欢”的孩子们分开，然后开始处理问题。

3. 先安抚情绪再解决问题

当双方情绪都非常激动时是无法冷静思考、解决纷争的，因此，解决问题的第一步是安抚情绪。您可以通过理解、认同孩子的情绪来安抚他们，例如，“我看到你俩都挺生气，发生了什么事”“如果姐姐这样对我，我也会很生气的”，等等。

4. 不要做判官，您可以充当调解人

您可以通过陈述您听到或看到的内容开始调解，例如，“你们似乎很难决定谁可以穿这双高跟鞋”，然后，让每个孩子解释自己的观点，提醒他们不要大声喊叫或谩骂。为了确保他们互相倾听，先让他们重复对方所说的话，然后提出问题：“我们怎么解决这个问题？”这里要注意的是，不管他们的想法听起来有多疯狂，都要先让每个孩子分享，然后您再尝试提议一个解决方案。如果孩子太小，即使您提出了解决方案，孩子们也不知道该怎么做，那么，您可以一步一步地示范如何解决这一问题。

5. 致力于问题的解决

将冲突视为解决问题的机会，鼓励孩子想办法解决问题，并且信任孩子能够解决问题。如果孩子们想不出办法，您可以提出建议，例如，“你先玩 10 下，妈妈数数，然后哥哥玩 10 下，可以吗？”

二、 在日常生活中，您可以这样做[1]：

1. 教给孩子沟通和解决冲突的方法与策略，并做出榜样

● **丰富表达情感的词汇。**您可以通过教孩子用更多的词语表达和描述自己的感受来降低冲突的可能性。例如，“我很生气，因为弟弟推倒了我的城堡”。您可以大声表达自己的感受，无论是“恼怒”“失望”还是“困惑”，都可以降低肢体冲突的可能性。

● **练习如何以解决问题为出发点来解决争端。**在日常生活中，父母应示范和教导孩子如何解决与他人的冲突和矛盾，如通过阅读绘本故事或玩角色扮演游戏的方式，和孩子们一起谈论、练习这些办法。

1 侯晓辉（2020）. 二胎家庭中存在的同胞竞争效应及应对措施 . 学周刊，（7）：189–190.

2. 培养团队合作精神

● **让大宝体验照顾小宝。**让大宝帮助喂养婴儿或帮助弟弟妹妹处理生活方面的小事情。这样可以加强兄弟姐妹之间的信任关系，也是建立团队的第一步。

● **让孩子们一起完成一项工作。**经常分配一些需要孩子们一起完成的工作，例如，一起收拾玩具、给阳台的植物浇水等等。在孩子们工作时给他们加油，让他们知道他们是一个伟大的团队。

3. 保证亲子独处时间

当孩子有了“一对一”和父母相处的时间，他才能感受到父母独一无二的关爱。只有每个孩子都觉得自己被爱，才能让兄弟姐妹团结友爱。您可以为每个孩子创造亲子独处时光，例如，星期天的早上，爸爸带一个孩子出去吃一顿特别的早餐等，可以很好地促进孩子们之间的关系。

4. 偶尔分离

把孩子们偶尔分开一整天，他们会珍惜再次在一起的时光。有时，可以尝试把孩子们送到不同的房间，要求他们不要交流或玩耍，直到他们学会友好地对待对方。

5. 尊重孩子的私人财产

对于“以自我为中心”时期的孩子，帮助他们确认自己物品的主权，可以减少由此引发的冲突。例如，这是姐姐的课桌，弟弟不可以动上面的东西。弟弟有自己的玩具筐，姐姐要经过弟弟的同意才可以玩。

6. 不要在孩子面前比较他们

避免在孩子们面前指出他们的不同。您的孩子可能会把比较理解为批评，可能还会认为他不如他的兄弟姐妹优秀，或者不如他的兄弟姐妹惹人疼爱。

7. 设置好玩的家庭约定或游戏

● “和好”家庭衫。准备一件特大号的男式T恤（“和好”家庭衫），当孩子们争吵时，他们必须一起穿，直到停止争吵。大一点的孩子甚至可以挤在一起做家务。

● “钱罐”。给每一个孩子一个钱罐（给妈妈也准备一个），每次有人犯错时，钱就会从他们的罐子转移到妈妈的罐子里。如果他们伤害了其他人，钱就会进入受到伤害的人的罐子里；做好事的时候，会得到妈妈罐子里的钱。到了月底，他们如果赚了一定的钱，就可以买一件自己喜欢的东西。

● “和平长凳”。在家中设立一张长凳子，上面粘贴“和平长凳”的标识，告诉孩子们发生争吵时要一起坐在这张凳子上解决问题，直到达成协议解决问题后才能从长凳上起来。您可以和孩子们一起讨论“和平长凳上”解决问题的小约定，如不能骂人、不能动手等。

19 孩子在学校被欺凌了，怎么办？

为什么？

当您听到孩子说小朋友不和他玩；

当您发现孩子带着伤回到家；

当您看到小朋友在玩的时候把你家孩子推开；

…………

上述种种，是否让您产生了各种担心和害怕？甚至想着孩子是不是在学校里被欺凌了。随着大众媒体对“欺凌”事件的关注和报道，社会各界也愈发重视校园欺凌问题。在展开讨论之前，先让我们一起来看看“欺凌”的定义吧。

我国教育部和美国疾病控制中心（CDC）在2014年分别发布了对“欺凌”一词的定义，将欺凌视为青少年暴力的一种形式，也是一种不良的童年经历。[1]欺凌具备以下三个关键要素：其一，它是一种具有攻击性并意图造成伤害的行为；其二，这些伤害会随着时间的推移而重复；其三，欺凌发生在权力不平衡的背景下，也就是说，实施欺凌行为的孩子通常比被欺凌的孩子有着更强壮的身体或者有着更多的社会权力，

1　Centers for Disease Control and Prevention.（2014）. *Preventing Bullying.*

如小班长。2016年4月，我国国务院教育督导委员会办公室向各地印发《关于开展校园欺凌专项治理的通知》，正式对校园欺凌进行专项管制。欺凌区别于暴力行为，欺凌不仅有可能是身体攻击性的，也可能是口头辱骂或社会性的排挤。[1]

那么，孩子在幼儿园被打是被欺凌了吗？班上的孩子排挤我家孩子属于欺凌吗？在将某事件或某一行为定义为“欺凌”前，我们需要先厘清“欺凌”“冲突”和“偏差行为”[2]之间的异同。纵观媒体和当下的研究，不难发现关注点多为年龄较大的儿童之间的欺凌行为，对于学龄前幼儿的欺凌行为，却鲜有提及。原因在于学龄前幼儿受到语言发展和社会性发展的限制，他们还难以做到有目的地、有预谋地、有针对性地重复伤害、欺凌另外一名幼儿。他们会与其他孩子发生冲突，但这些冲突通常是针对某一事件，比如抢玩具，而不是针对某一个人。您可能会问，既然孩子年龄小，那么所有的不当行为都可以视为偏差行为或幼儿同伴交往中的冲突吗？

不尽然，区分两者的一种方法就是察看意图。如果两个小朋友因为一个玩具而争吵，在争抢的过程中受伤，这是学龄前幼儿中常见的冲突，因为双方的关注点在于获得玩具而非意图伤害对方。也就是说，这些争吵或者打架不是有意识地针对同一个孩子的持续的恶意伤害行为。您可能会说，那为什么每次都是那个孩子打我家孩子呢？这通常是因为这两个孩子有相同的兴趣，比如都喜欢玩车的孩子就更有可能因抢车而发生冲突；如果一个孩子喜欢玩洋娃娃，而您的孩子喜欢玩车，那么有可能这两个孩子一个学期也没有太多的交往，没有交往自然没

1 张斌（2018）. 我国反校园欺凌立法问题检视 . 当代教育科学，（2）：79–82.
于雪岩（2017）. 我国校园欺凌立法内容研究 . 沈阳师范大学硕士学位论文 .

2 董存梅（2013）. 幼儿偏差行为的测量及发展特点 . 幼儿教育·教育科学，（7）：73–76.

抢玩具

有冲突。而欺凌不一样，它是一系列的、旨在伤害另一个孩子的行为，目的在于获得更大的权力。不幸的是，许多媒体和家长都将孩子做的不友善的事情贴上“欺凌”的标签，但事实上，这不过是正常的同伴之间交往所产生的矛盾。

那么，是不是欺凌在幼儿园都不存在？不，欺凌有可能发生在幼儿园大龄阶段，只是相对小学、中学年龄段更少。这主要是因为要实现欺凌，孩子必须理解什么是“权力”，如何制造“权力”的不对等。幼儿园大班（5 ~ 6 岁）的孩子大都还难以理解这一概念。

当然，也有例外。您可能会担心自己的孩子受到了欺凌。那么什么样的孩子容易成为被欺凌的个体呢？作为家长，我们应该如何应对呢？有研究显示，社交能力弱的孩子更容易在成长过程中成为被欺负的对象。[1]因此，专注于培养孩子的社交技能被视为有效的欺凌预防措施。我们都知道，在保护孩子不受伤害这件事情上，家长们都有着超越一切育儿理论的本能，那就是像“超人”一般站在孩子面前，帮孩子“讨说法”。但是，这并不能从根源上解决问题。教会孩子如何面对，给予去面对的技能和方法，这是他们毕生的课题。此外，用我们的方式，帮助孩子在心里织就一张强大而有力量的网，建立良好的自尊和自信心，才是真正地防患于未然。

怎么办？

1. 保持冷静，了解事情的发生，将关注点聚焦问题的解决上

当我们看到孩子受到伤害，无论在哪种情况下，都会激发我们保护的本能。听到孩子被欺负了，我们可能会心痛、难受，甚至感到愤怒，但在孩子的面前，您需要保持冷静。您对孩子的感受越支持、越理解，您就越能够了解事情的发生经过、孩子的感受和事情的严重程度。我们需要向孩子传达这样一种信息，“我爱你，我是为你而来的。我们将共同研究出解决的方案”。

2. 教会孩子如何对不友善的行为进行回应

我们要明确的是，当孩子还没有做好心理准备前，您不能要求孩子直面这些不友善的人，但是，可以通过角色扮演的方式，来练习如何对不友善的行为进行回应。以下建议[2]，您可以和孩子在家中进行尝试：

- **站起来，表现得很勇敢。**大声地说出“不”或者“停”并走开。

---

1 Cook, C. R., Williams, K. R., Guerra, N. G., et al.（2010）. Predictors of Bullying and Victimization in Childhood and Adolescence: A Meta-analytic Investigation. *School Psychology Quarterly,* 25（2）: 65.

2 The Australian Parenting Website.（2021）. Preschool Bullying: Helping Your Child.

● 无视他们。

● 和朋友们在一起。告诉孩子，和好朋友们一起玩，这样他们可能不会过来打扰你。

● 告诉大人。保证安全的最好方法就是告诉大人发生了什么事情，如果在学校，就应该找老师寻求帮助。如果老师没有回应，就要及时告诉爸爸妈妈。

3. 采取行动，明确在何时、以何种方式介入

当事情发生在学校，请及时和老师沟通并寻求解决方案。如果在您面前发生时，要及时和对方的家长沟通。在保证安全的前提下，尝试"后退一步"，静观其变，给予孩子解决问题的机会。如果孩子能够自行解决，及时肯定他，"我看到你在遇到……的时候，你……，现在你会自己解决问题了，你真棒"。如果孩子需要您的帮助，在介入的过程中，要确保您是双方的调节者，而不能"直接上阵"攻击对方。协助就是让矛盾的双方"有效对话"，鼓励他们表达出自己的想法，例如，"刚才发生什么事情了""他说……，是这样吗"。

4. 教导孩子与人友善的同时，明确交往的边界

我们既要从孩子的角度来看待不同的交往方式，又要明确交往的边界——安全。通过示范和图片的方式，告诉孩子哪些行为是不被允许的，例如，别人伤害自己身体的行为是不可以的。同时，可以通过图片引导孩子读懂他人的面部表情，区分友善和恶意。

5. 帮助孩子"发声"，坚定地维护自己的权利

和孩子进行角色扮演游戏，在游戏中示范表达自己的想法。引导孩子如何坚定地维护自己的权利，表达自己的意愿，可以尝试下面四个步骤：① 说出你所看到的；② 说出你的感受；③ 说出你的需求；

④ 如果以上的步骤没有解决问题，那么可以走开来保证自己的安全，同时寻求成人的帮助。

6. 建立自尊

自尊是预防欺凌的核心组成部分。[1]有自尊心的孩子更自信，更有能力去应对冲突。自尊也有助于防止欺凌。欺凌者经常在寻找一个容易的目标，如一个会对他们的嘲笑和愚弄做出反应的人。

7. 场景模拟，示范演练

当我们和孩子讲述“自我保护”的时候，不仅仅要靠口头的提醒，更要细致到每一个动作。例如，伸出手，避免对方的靠近，并坚定地告诉对方“这样是不对的”。您可以和孩子在家里场景模拟、多次演练，教导其正确的处理方法。

8. 锻炼身体，增强体质

在周末的亲子时光中，多带孩子通过不同的体育运动锻炼身体、增强体质。这会让孩子对自己的身体力量有更充分的了解，也会让孩子在受到不公平对待时更加自信地面对。

9. “让我们防止这种情况再次发生”

预防欺凌的另一关键是和孩子讨论如何防止这种情况的再次发生。和孩子讨论，哪些方法可以防止欺凌发生，以及遇到欺凌时他们可以怎么做。听听孩子的想法，让他告诉您认为可能有效的方法。孩子的创造力可能会让您喜出望外。然后，您可以尽可能地帮助他把这些想法付诸行动。

---

1 Wang, X., Zhang, Y., Hui, Z., et al.（2018）. The Mediating Effect of Regulatory Emotional Self-efficacy on the Association between Self-esteem and School Bullying in Middle School Students: A Cross-sectional Study. *International Journal of Environmental Research and Public Health,* 15（5）: 991.

20 孩子好像有讨好型人格，怎么办？

为什么？

相信每位家长心目中都有一个“别人家的孩子”的形象。这个“别人家的孩子”听话、懂事，总是设身处地为他人着想，能够满足家长对孩子的所有期待。

这样的孩子通常很乖，在家里很少犯错，极少和兄弟姐妹发生冲突。即使是和兄弟姐妹或者同伴发生冲突，他总是退让的那一个，让父母“省心”。可是，一味地听话和懂事，是好事吗？有的家长甚至会担心孩子是否有取悦他人的倾向，即讨好型人格。

所谓的讨好型人格[1]，会将他人的需要放在自己的需要之上。他们过度关注取悦他人并获得他人的认可，以此作为维持关系的一种方式；他们能够设身处地地为他人着想，是因为他们的内心害怕被拒绝。毋庸置疑的是，因为高度适应他人，这种孩子总是被视为友善的、好相处的人。但是，孩子可能会因为讨好他人而忽略了自己的真实感受，

1 Exline, J. J., Zell, A. L., Bratslavsky, E., et al.（2012）. People-pleasing through Eating: Sociotropy Predicts Greater Eating in Response to Perceived Social Pressure. *Journal of Social and Clinical Psychology,* 31（2）: 169-193.

长此以往，极容易形成低自尊[1]的人格。

妈妈总是说我

那么，这种讨好型人格是怎么形成的呢？通常，孩子的讨好行为是从家里开始的。他们从遵循爸爸妈妈的要求行事开始，随着年龄增长，这种讨好行为开始蔓延，他们会讨好遇到的每一个人来维持内心的安全感。我们作为父母，希望孩子与人友善的同时，保有独立、自信的一面。

怎么办？

1. 检视家庭成员的育儿方式，是否无意识地强化了孩子的“讨好”行为

大量的研究显示，孩子的讨好行为是从家里开始的。为此，我们需要先检视家庭成员的育儿方式，是否在无意识中强化了孩子的“顺从”行为。在和孩子互动时应注意以下情况：

● **避免否定 / 否认孩子的经历。**家长如何处理孩子的感受就会教会孩子如何对待自己的感受。当孩子不信任自己的感受时，他会不断贬低自己的想法并将父母的感受放在首位。因此，我们应肯定孩子的经历和情绪，让孩子感受到他的一举一动是被倾听到的、被观察到的和

1 Bolton, J. (2013). People-Pleasing Patterns Are Learned When Needs Are Not Met. *Dr. Jane Bolton. nd, 15.*

被理解到的。

● 避免过快地让孩子感知他人的观点。当孩子和我们分享经历感受，或者与同伴发生冲突时，不要急于让孩子感知他人的观点，也不要急于表达您的观点。这样会无意之中教会孩子以他人的想法为先而忽略自己的想法，尤其是敏感的孩子。相对应地，要让孩子充分感知自己的情绪，学习调节不同的情绪，然后再去解决问题。这样，既能让孩子感受到您对他的尊重，又能更有效地帮助孩子学习从不同的角度看待问题。

● 对事不对人。当孩子不小心犯错了，通过语言让孩子理解，现在你的难过、不开心是因为不恰当的行为，而非因为孩子本身。树立起错的是行为，而不是人的理念。帮助孩子理解“对事不对人”的概念，能够引导孩子聚焦于问题的解决，而不是自怨自艾，将过错归于自身。

● 鼓励而非表扬。当孩子习惯于表扬，他们会将表扬当作衡量他们自我价值的工具。在某些时刻，当他们做了事情而没有得到赞美时，他们会感到沮丧，并开始取悦他人来获取赞美。用正确的方式来肯定和鼓励孩子，让他们明白他们所做的事情是为了给自己或他人带来价值，而非表扬本身。例如，当孩子有进步了，不妨试着把简单的一句“孩子，你真棒”，换成“你今天的成果都是用每天坚持练习赢来的，你真是一个能坚持的孩子”。聚焦过程性的鼓励，比结果导向的表扬更能帮助孩子挖掘个人的价值。

2. 帮助孩子理解规则，从设定边界开始培养孩子的决策能力

规则和界限是个体在人际交往中要遵守的基本准则。帮助孩子理解规则并设定边界，可以增加孩子对自身和环境的掌控感和安全感。当孩子掌握了规则和边界，也就减少了因犯错而被批评的情况，从而避免伤害孩子的自尊心。当孩子年龄尚小的时候，可以帮助他理解规则，

如进餐的规则、电子产品使用的时间等；随着孩子年龄的增长，可以和孩子一同设定家中的规则和边界。当我们邀请了孩子参与规则的设定，就要寻求能够满足大家需求和愿望的平衡点，避免“假民主”的情况发生。例如，当您问孩子今天晚上吃什么，孩子一定会回答他们喜欢的食品如雪糕、蛋糕和零食等。这个时候如果无法实现，就会让孩子感觉到他的意见不被接纳。相反地，我们可以设定一个“健康的界限”，例如，接下来运动时间（前提/界限）你打算跳绳还是骑车呢？这可以让孩子能够理解和配合，让他们感到自己的想法被倾听和被理解。从做每一个小的决定开始来培养孩子的决策能力。这不是灌输就能获得的能力，但是会在有意识的育儿方式中逐渐养成。

3. 教导孩子有效地说“不”

孩子应该学会尊重地说“不”。什么时候说“不”、如何说“不”是需要学习和练习的。您在家里可以和孩子进行角色扮演，从小事开始尝试，例如，“这个玩具我不能给你，但是你可以拿这个”。在说“不”的过程中，引导孩子留意自己的感受。值得注意的是，这包括孩子也有可能对成人说“不”。这个时候，我们要给孩子示范如何恰当地回应这些“不”。

4. 鼓励独立和个性、接纳自己，从做孩子的榜样开始

鼓励孩子根据自己的需要做出选择，从而实现独立。此外，赞美他们的个性，不要试图将他们塑造成我们希望他们成为的人，而是引导他们成为他们想要成为的那个人。孩子从成人的行事中学习很多东西，模仿学习是其中一个重要的组成部分。因此，独立、对自己的选择保持自信和独特是重要的，这样孩子也会感受到独立的重要性。同时，向孩子示范您是如何接纳自己的优点和缺点的。学会接纳不同的自己，对于培养高自尊的孩子而言，非常重要。

5. 和孩子讨论并创建与同伴交往的界限

随着孩子人际交往增多，您可以和孩子一同设定与同伴交往的界限。与同伴交往的界限可参考以下要点：

- **设定优先事项。**这是指在友好相处的前提下，孩子的优先事项是什么。将这些事情按照重要的程度进行排序，列成清单。例如，和远道而来的朋友玩要比参加同学的聚会更重要，那么我就选择不去参加聚会。可见，清单可以引导孩子做出理性的选择。

- **说出我们想要的。**记得时刻提醒孩子，表达意见是人之常情，这并不意味着是在提出要求。即使同意某件事，也可以说出你的偏好。例如，当小伙伴想要去踢球，你想要打篮球，尽管你同意了一起去踢球，依然可以表达你的想法：“我喜欢打篮球，但是我很高兴可以和你们一起去踢球。”您可以告诉孩子，在陈述需求的过程中，保持自信、坚定和冷静。

6. 帮助孩子理解“朋友的选择性”

我们都曾听孩子说过“他们不喜欢和我一起玩”“他们说不喜欢我”等等。这个时候可以告诉孩子，“我们可以去选择自己喜欢的朋友”，也可以向孩子解释，“有的小朋友喜欢玩恐龙，有的小朋友不喜欢，可以选择和自己一样喜欢玩恐龙的小朋友”。如果跟孩子说“他们不是故意的，他们想跟你玩的”，虽然充满善意，但有可能让孩子遭到更多的拒绝。每个孩子都渴望被同伴接受，但是总会有不被接受的时刻。被拒绝的时候，我们可以教育孩子，“如果别人不喜欢我们，那也没关系。我们可以换一个玩伴试试”。

7. 区分讨好型人格和对他人友善

如何维护孩子的自尊心，并教会他们在尊重界限和他人权利的同时为自己辩护呢？我们需要教导孩子以自我为先，清晰、恰当地表达自己的需求，在合理的范畴内追求对自己而言重要的事物。想象一下，当孩子在公共场所玩耍，另外一个孩子在没有征得许可的情况下拿走了他一直在玩的玩具。如果这个时候，孩子能冷静、自信地表达——“我看到你拿走了那个玩具，但是我还在玩。我玩完后就给你”，这是一件多酷的事情！除此以外，一些绘本也可以帮助孩子理解如何友好地拒绝他人，例如《对小霸王说不》《我的情绪管理大书》等。

21 男孩子总爱跟女孩子玩，怎么办？

为什么？

如果家里有男孩，但他总喜欢和女孩玩，您是否会感到烦恼？我们通常认为男孩应该是阳刚、坚毅、勇敢的，男孩有男孩应该喜欢的游戏，如踢球、疯跑、打枪战等。如果一个男孩只喜欢画画、做手工，热衷于扮家家，喜欢跟女孩一起玩，家长难免担心他长大后会不勇敢、性格柔弱。

事实上，这些担心都属于我们成人对性别的刻板印象。性别刻板印象是针对某一性别的性格特征、外貌、行为、角色的普遍看法或成见。[1]这种性别刻板印象认为，男性和女性应该保持特有的性格特征，尤其是针对男孩。您担心孩子的性别角色发展与社会期望相悖时会受到歧视。性别刻板印象在某种程度上会限制孩子的发展，但随着社会分工细化，这种现象正在慢慢改变，很多社会角色男女都可以胜任，绝非单一性别的权利。我们对待孩子的态度不可以简单地根据性别区分，按照性别刻板印象去教导孩子学习做乖女孩或聪明的男孩。[2]但无论是

1 Office of the High Commissioner for Human Rights.（2014，September）.*Gender Stereotypes and Stereotyping and Women's Rights*.

2 董雪婷（2018）.学前儿童性别教育实施中存在的问题及对策研究——以Z市为例.江苏大学硕士学位论文.

我的好朋友姐姐

正面还是负面的刻板印象，其本质都是一样的，都可能限制多样性、不同性别的机会和能力发展等。[1]现代教育的理念提倡不向幼儿传递关于性别的刻板印象，鼓励幼儿探索不同职业的可能性。许多女运动员在足球运动中表现出色，越来越多的女孩选择“男性化”学科，如土木工程、工科类等。在幼师、护士等传统观念认为“女性化”的领域，也有越来越多的男性加入，并且取得很高的成就。

大多数孩子的性别认同与他们的性别一致，然而，也有些孩子的性别认同和性别并不匹配。无论他们未来的性别认同如何，跨性别偏好和游戏都是性别发展与探索的过程。双性化是学前儿童性别角色发展的最好模式，所以应该在学前儿童性别教育的过程中，引导幼儿的双性化人格的养成，使得幼儿获得更好的发展。[2]随着时间的推移，所有孩子都会对自己的性别有更清晰的认识，这需要来自家庭、学校和社会的支持、爱和关怀。传统观念要求将男孩子养成“男子汉”的时代已经快要终结。男孩就应该有“男孩样”的偏见，使得无数男孩缺乏性别敏感性，给生活和工作带来了不少困扰。到底应该怎样进行性别教育呢？

1 Kahalon, R, Shnabel, N. & Becker, J.C. （2018）. Positive Stereotypes, Negative Outcomes: Reminders of the Positive Components of Complementary Gender Stereotypes Impairperformance in Counter-stereotypical Tasks. *Br. J. Soc. Psychol*, （57）:482-502.

2 董雪婷（2018）.学前儿童性别教育实施中存在的问题及对策研究——以Z市为例.江苏大学硕士学位论文.

怎么办？

1. 了解儿童性别认同发展的规律

性别认同指个体对自己性别状态的认识、理解或自我意识。性别认同会随着时间的推移而发展，这与幼儿的心理、认知、道德感发展非常相似。科尔伯格（儿童发展心理学家）解释幼儿性别角色发展可分为三个阶段[1]：

（1）性别认同 :2 ~ 3 岁幼儿能够正确对自己 / 他人的性别进行确认。在这个年龄段，大多数孩子能正确说出自己的性别，并且能够依据性别给玩具、物品和活动分类，也可根据感性的、外在的特性进行简单分类。这一阶段的男女幼儿在性别认同的发展上不存在大的差异。

（2）性别稳定性 :3 ~ 5 岁幼儿清楚个体的性别不会随着年龄、情境等因素发生变化，同时会选择同性成人作为模仿对象。

（3）性别恒常性 :5 ~ 7 岁幼儿意识到时间变化、情境转换、行为的变化不会对性别产生影响，开始选择适宜的性别行为，这标志着幼儿性别概念的形成。

2. 父母自身性别意识清晰

父母作为孩子人生的第一位老师，是幼儿获得社会性别认同的重要榜样。父母的行为模式和社会角色特征影响孩子的一生。弗洛伊德认为幼儿性别定向的主要机制是幼儿对同一性别的父亲或母亲的认同，幼儿的性别认同会根据父母的行为而偏移。正确的性别认同教育应渗透在家庭的各个方面，父母自身的性别意识会潜移默化地影响孩子。

---

1 L. 科尔伯格（2004）. 道德发展心理学：道德阶段的本质与确证 . 郭本禹，等译 . 上海：华东师范大学出版社 .

3. 不要有性别“歧视”

父母不要对性别角色有错误的认知，不要在孩子面前有不恰当的性别言论。不要在男孩面前说“做男人好累，要辛苦工作养家，做女人真好，没有压力”。父母不经意的话语，可能会给孩子种下性别悲观的“种子”，孩子在青春期或遇到挫折时，很容易对性别产生悲观情绪，甚至影响成年后的婚姻生活。

4. 父母一方不应长期缺席孩子的教育

父母异地、单亲家庭等特殊状况，或者父母一方由于工作繁忙，长期缺席孩子的教育，使得孩子长期地接受父母一方的行为方式，容易出现性别认同偏差。跟妈妈长期生活的孩子，女性性别认同的可能性大，反之，跟爸爸长期生活的孩子，男性性别认同的可能性大。父母共同养育孩子，孩子会更好地了解男性和女性的角色，使孩子的性别角色健康、顺利地形成。

5. 父亲的陪伴对孩子的成长至关重要

爸爸妈妈每天抽出一点时间，陪孩子说话、聊天、玩游戏，帮助孩子解决生活中遇到的问题，这些都有利于加深孩子对不同性别角色的理解。爸爸的思维方式与妈妈的不一样，不管是男孩还是女孩，如果能够从与爸爸的频繁互动中学习从另一种思维方式考虑问题，那么结果也会大有不同。爸爸在周末应抽出时间陪孩子户外运动，多做一些充满冒险性的拓展训练，可以增加孩子的胆量，这对孩子的性格发展很有帮助。

6. 尽早开始进行性别意识的培养

父母不要因为喜欢男孩或者女孩，而自己孩子的性别与预期不一致时，从服饰、玩具上等方面往孩子的异性方向养育，不要认为孩子小，还没有性别意识。性别教育宜早不宜迟，勒诺·韦茨里曾指出，“从一个刚诞生的女婴被包在一条粉红色的毛毯里和她的兄弟被包在一条蓝色毛毯里开始，两个（性别的）婴儿就受到了不同的对待”。从孩子出生那一刻起就可以开始了，通过挑选有性别特征的衣服、用具、玩具等，给孩子建立性别意识。

7. 在游戏中强化孩子的性别意识

男孩和女孩一起玩，是孩子性别意识强化的好时机。父母可以有意识地强化，鼓励男孩保护女孩，面对挫折应该坚强等。一起玩耍会帮助他们习惯彼此，不必等到青少年时再去重新认识另一种性别。在兴趣爱好相同的基础上，父母应鼓励孩子和不同性别的同伴建立友谊。

8. 尊重孩子的天生气质差异

不同孩子具有不同的气质类型。天生属于抑郁质的男孩，会表现出小心谨慎、具有高度的情绪易感性的特点，可能会喜欢画画、做手工等安静的活动。因此，这类孩子表现出来的安静、内敛，可能是由于天生气质的原因，并不是传统意义上的缺乏男子汉气概。

9. 允许幼儿触碰自己的生殖部位

弗洛伊德认为幼儿有性本能的冲动，从性别认同角度来看，偶尔触碰生殖器能使他们识别自己的生理性别，为自我性别认知提供生理基础。[1]这些行为会在孩子 3 岁左右自行消失，家长不应对此粗暴地干涉。

10. 通过绘本进行性别教育

弗洛伊德将儿童的性发育分为：口唇期（0 ~ 1 岁），肛欲期（1 ~ 3

1，2 西格蒙德·弗洛伊德（2004）. 性学三论 爱情心理学 . 林克明，译 . 西安：太白文艺出版社 .

岁），性蕾期（3～6岁），潜伏期（6～12岁），青春期（12岁以后）。3岁左右的宝宝处于“性蕾期”，正是开展性别教育的绝佳时期。[2]这个阶段，孩子会对性别产生好奇心，发现男女之间的差别。家长可以通过亲子阅读，帮助宝宝正确认识性别，为他将来建立健康的两性关系打下基础。《我讨厌男孩儿！其实也不是……》《我讨厌女孩儿！其实也不是……》《纸袋公主》《小恐龙佐格的飞行医院》《“小孩儿就这样”性别平等绘本》等都是对孩子进行性别教育不错的绘本。

第三章

3

行为习惯

22 孩子不听我的，怎么办？

为什么？

您家有没有出现过这样的情况：您和孩子说话，他却像没听见似的，对您的话不理不睬，说他几句，人家还不高兴，说不定还会发脾气。这种“三令五申竟毫无反应”的情况通常是父母的“着火点”，而且就算发几次火，他都不长记性。那么，孩子为什么会这样呢？

首先，孩子是否能够“说了就马上去做”与孩子的年龄特点有关。2 岁的孩子就开始拥有强烈的自主意识，也就是产生了自己想要做什么、需要什么的自主意愿。整个幼儿园阶段，孩子的自主意识得到迅速发展，到 5 岁左右有非常显著的提高。这个时候，家长会明显感觉到孩子好像没有以前那么听话了，凡事都有自己的主张。因此，有的时候并不是“孩子不听我的话”，而是孩子有自己的想法，他不再希望自己能做主的事情依旧被父母安排。

其次，孩子是否能够听从父母的指令，按照要求完成某一项任务与他们发展成熟度相关。例如，孩子正在玩积木，这个时候妈妈说要吃饭了，要求孩子停下游戏去洗手、准备吃饭，要完成这一项任务，孩子必须具备良好的自我控制能力，才能愉快地从“玩积木”到终止游戏“去洗手”。幼儿园阶段的孩子，自我控制能力、自我监督能力尚在发展之中，因此，有时候难免出现听到了但是“无动于衷”的情况。

再次，有时孩子是真的没听到，尤其是专注力好的男孩，他们玩游戏时全神贯注，对外界信息暂时屏蔽，因而听不见。虽然有时候会因太过沉迷而惹恼父母，但其实能够高度集中注意力也是一种非常好的学习品质。

最后，您怎么对孩子说话，与孩子是否愿意听您说也息息相关。如果您常常用批评、说教的方式与孩子沟通，他只会自动过滤掉这些令人不悦的话语。无论是大人还是孩子，都不愿意听到别人说自己的行为有多么糟糕。当听到这些话时，我们下意识的反应通常是拒绝。孩子也不喜欢发布命令式的表达，当您对孩子说“现在你必须……”“你

我不想收玩具，妈妈很生气

去……”，孩子会从您的语气中感受到不被尊重，这有可能导致他不愿意合作，甚至抵制。另外，当孩子说话时，您积极的反应和态度也是在为他树立“如何倾听他人”的榜样。如果您态度敷衍、似听非听，或尝试转移他的注意力，就不能让他感觉到“被倾听”“被尊重”。除此之外，如果您对孩子的态度是放任的，孩子想做什么您都不拒绝，或者孩子闹一闹您就退让，也会向孩子传递一个信息，“我想要什么，爸爸妈妈都必须给”，这将会导致孩子毫无权威意识，“不听话”。

因此，高质量的、有效的亲子交流建立在将心比心、设身处地之上。当您与孩子的沟通不再出于“控制”“专制”或者“放任”，而是出于“爱”“尊重”和“理解”时，问题便已经解决了一大半。

怎么办？

1. 学会理解与共情

不论孩子年龄大小，您都应将孩子看作独立的主体，尊重他，站在他的立场进行表达。不要因孩子小，而强制、命令他去做什么，而是告知他现在需要做什么，并给出要这样做的理由。把命令式的口吻变为建议式，例如把“你必须”换成“你或许可以”；把“你不许，否则”换成“我希望你……，那样的话就可以”；把“不可以”换成“我知道你很想……，可是……”或者，“今天不可以，因为……，但是改天可以”。您如果站在孩子的角度进行表达，将更容易与他沟通，激发他与您合作的意愿。

2. 把握界限，言出必行

从孩子开始明白大人的话开始，您就应该对孩子提出清晰的行为要求。例如，“妈妈知道你还想吃糖，但是不能吃了，因为妈妈担心你吃太多糖牙齿会掉光”。父母要给予孩子非常明确的规则，以及这么做的理由，规则一旦制定了，就不再退让。如果孩子哭闹，爸爸妈妈可以表示理解，但是不可以就是不可以。也就是说，任何情绪都是被接受的，但有的行为是不被接受的。

3. 尊重孩子，让孩子有选择权

如果您总要求孩子这样做、那样做，想替他包办一切，孩子就会被压得喘不过气，从而产生叛逆感，故意不理睬您的提议。孩子从 2 岁左右起就喜欢对自己的生活拥有控制感，因此，在合理的范围内给孩子选择权会让他更愿意配合您，例如，孩子不愿意收拾玩具时，您可以问孩子“你想收拾小汽车还是积木”。此外，当孩子专注于完成某一项任务时，比如拼搭乐高，应给予他充分的时间，这样有利于培养孩子良好的专注力。如果时间实在不允许了，可以给予一定的提醒，例如，“还有 3 分钟就要收拾了”，若孩子没有听到，可以走到他的身边温和地提醒。

4. 将你的指令游戏化

孩子天性爱玩，不妨试试将您的要求和指令变成一个小游戏，用有趣好玩的方式引导孩子。例如，您可以这样提醒孩子去刷牙：“你的牙齿上有很多细菌小怪兽，我们一起用牙刷武器消灭它们！”这一招绝对比冷冰冰的一句“要睡觉了，快去刷牙！”奏效得多。

5. 用“我的信息”向孩子表达你的感受[1]

当孩子做了让您烦恼的事，可以使用“我的信息”与他交流，其中的三要素包括具体说明不能接受的行为、您的感受、这个行为对您的具体影响。例如，“你这里玩玩，那里玩玩，我没有办法讲故事了，

1　玛乔丽·菲尔茨，帕特里夏·梅里特，德博拉·菲尔茨（2019）.0—8 岁儿童纪律教育：给教师和家长的心理学建议（第 7 版）. 蔡菡，译 . 北京：中国轻工业出版社 .

我觉得读故事很没意思，因为没有听众，请你坐到这儿来，我就可以继续了”。切忌对他的行为加以批评，比如，“瞧你，讲个故事都不能好好坐着”。“我的信息”的沟通方式既没有责备孩子，又为孩子提供了自我改正的机会。

6. 成为一名好的听众[1]

当孩子和你交流时，您可以多使用“印证式倾听”的策略：先停止说话，耐心听孩子说完后重申您听到的内容，并向他进行验证是否是他的本意。这一过程有效表现了您对他的关心，也为他提供了思考的时间。也许他的解决方法会与您本想给出的建议不谋而合，但他更愿意实施它，因为那是他自己的想法。例如孩子不愿意进园，您不要强行解决或试图转移他的注意力，而应倾听并回应他所关注的事，听他描述不愿意进园的原因，并引导他说出解决办法。

7. 做“民主型”的家长

“民主型”的家长会在给予孩子充分关爱的前提下，对孩子的行为提出合理适度的要求，与孩子保持充分的、平等的沟通，在这种情况下孩子自然愿意多倾听父母的建议。若家长一味溺爱孩子，有求必应，或只对孩子提出高要求，从不在意孩子的需求，抑或忽视孩子的成长，任其发展，都将从不同方面影响亲子关系，造成孩子不满、逆反的心理。

1 玛乔丽·菲尔茨，帕特里夏·梅里特，德博拉·菲尔茨（2019）.0—8岁儿童纪律教育：给教师和家长的心理学建议（第7版）. 蔡菡，译. 北京：中国轻工业出版社.

23 孩子说脏话，怎么办？

为什么？

大多数父母在第一次听到孩子说脏话的时候都很震惊。如果恰好发生在公共场合，父母必然觉得十分尴尬与丢脸。有的父母会责怪孩子不学好，有的父母会觉得孩子是在幼儿园学坏了。那么，孩子说脏话到底是怎么回事儿？

孩子说脏话是很正常的现象。随着孩子年龄的增长，他们有很多机会接触到脏话，比如父母说话不注意、电视剧里的对话，或者来自邻居家的哥哥等等。对于幼儿园阶段的孩子来说，说脏话只不过是重复他们听到的语言，或者学着大人的样子用这些词来表达自己的不满或者激烈的情绪。他们只是在学习使用语言进行交流，本意不是想伤害或羞辱其他人。有的时候，孩子使用某个难听的词，可是并不完全理解这个词的意义，甚至认为这只是一个很酷的新词，所以用一用。还有的时候，孩子使用脏话是为了吸引注意力，因为当大人说脏话时通常会加重语气，这样更加容易让孩子注意到这些词，从而模仿。

当孩子进入小学，他们通常会开始意识到说脏话是不好的行为，所

火冒三丈说脏话

以有的小时候说脏话的孩子到小学以后就不再说了。他们开始理解脏话的真正意义，意识到脏话会伤害到他人，所以只有当他们出现强烈的情绪或者想伤害别人的时候，他们才会把它拿出来用。还有的时候，有些孩子说脏话是为了在同龄人面前炫耀，因为这样可以让他们看起来像大人。

虽然说脏话是孩子成长过程中常见的问题，但是如何解决这一问题呢？

怎么办？

1. 不要反应过度

作为父母，当孩子说脏话的时候，我们觉得很生气，但有时又觉得好笑。但是，不管怎样，孩子说脏话都会受到关注。不论您是笑还是生气，对孩子而言都是一种关注。当孩子意识到了这一点，下次他们渴望得到关注时，他们往往会故技重演。如果您在孩子说脏话时反应强烈，比如愤怒、尖叫等，把场面弄得很夸张，使会强化这种行为。如果孩子说脏话的时候把大家逗笑了，下次他想搞笑的时候就有可能会再次说脏话。最好的办法就是立刻向孩子澄清说脏话不好笑。

2. 认真审视自己的言语

孩子们可以从各种地方学到脏话，但是比较常见的是从朝夕相处的家庭成员身上学来的。因此，审视自己的语言和家庭成员说话时的用词是阻断脏话来源的第一步。另外，电子媒介、邻居家大孩子等都可能被孩子模仿，所以阻断这些来源也很重要。

3. 孩子一说脏话，马上制止，持之以恒

刚开始学说话的孩子通常不会意识到骂人的话是不好的，所以一味地责备、呵斥孩子是没有意义的。当孩子正在说脏话时，家长应该立刻阻止。如果是在公共场合，可以把孩子拉到一边，严肃、冷静地说明为什么不能说脏话。这里要注意，每次孩子说脏话，都要立刻制止他，要严肃地、及时地、私下跟孩子说，“不能说脏话。说脏话会让你的好朋友非常难过”。当孩子了解到说脏话是不好的事情，通常会注意不再使用类似的语言。当孩子做得好，表现出恰当的行为时，您要立刻肯定、表扬他。

4. 提供更多可以表达自己情绪的词汇

如果孩子说脏话是在表达自己的情绪，我们首先重点关注孩子的情绪，而不是孩子说了什么。我们可以陪他一起平静下来，当他感受到您对情绪的接纳后，才能更好地和您沟通。沟通时，我们可以教给孩子一些恰当地表达自己感受的词语，告诉他“表达自己的想法或需求比骂人更管用”。

5. 成为孩子的榜样

如果您不小心说了一句脏话，要立即道歉。这样做将为您的孩子树立好榜样，这是在用行动告诉他，说脏话是不好的行为。

24 孩子爱“说谎”，怎么办？

为什么？

“妈妈，幼儿园里有大象。”您听过这样类似的“谎言”吗？谈到“说谎”，您的第一反应可能是认为孩子习惯不好。有的时候，孩子回家会说：“某某小朋友（老师）打我。”但是问老师，并没有这回事儿。您可能觉得孩子不会说谎，肯定是老师有问题。事实上，孩子的确会“说谎”，但取决您如何理解和判断孩子在各个年龄段的“谎言”。从理论上来讲，孩子“说谎”分为以下几个阶段：

学步儿：无伤大雅的小谎

2 ~ 3 岁的学步儿会使用一些简单的谎言来否认他们的行动或为了得到某个物品。例如，在脸蛋粘满蛋糕时否认刚才偷吃了蛋糕，“我没有吃蛋糕”（为了吃蛋糕），或者看着碎了一地的花瓶说“我没有打碎花瓶”（否认行为）。此时，孩子并不知道什么是成人世界中有目的的说谎。因此，惩罚孩子是没有意义的，因为他们还不具备行为判断的能力。您无须和孩子争执，更无须惩罚孩子，最好的回应是强调现实：“你看，花瓶碎了。我们一起打扫它吧。”

学龄前幼儿：天马行空的谎言

3 ~ 5 岁正是幼儿相信床底下有看不见怪兽的年龄。根据皮亚杰的儿童心理发展理论，在记忆发展和认知发展有限的情况下，儿童容易将想象与现实混淆。这并不是孩子真的在说谎，而是他们记不住或者分不清现实。如果您的孩子从幼儿园回来说“某某打我了”，这有可能是事实，但也可能是发生在别的孩子身上，还有可能根本没有发生。在这个年龄段，您可以保持客观判断，多谈论现实中发生的事情。例如，根据老师在班级群里发送的照片，帮助孩子多多回忆当天在幼儿园和谁玩了、做什么了。

学龄儿童：各有动机

要知道，说谎也是一种能力。儿童心理学家把说谎行为看作儿童心智发展到一定水平的结果。[1]说谎要求儿童具备两种能力，即读心预测能力和自我控制能力。读心预测能力意味着儿童要理解什么是“我知道，但你不知道，而且你不知道我知道什么”。自我控制能力意味着儿童要能够自如地控制自己的情绪、表情以及语言来制造一种真实感。

这个年龄阶段的儿童说谎，在很多情况下是出于担心和恐惧的心理——担心成人的失望，恐惧受到责罚。简而言之，这是儿童缺乏问题解决方法的一种表现，例如“我今天没有数学作业”，可能表示数学学习遇到了困难。有的时候，儿童还可能因为缺乏自信，希望以夸张的语言获得周围人的关注，例如“我爸爸超级厉害，可以吃一百碗饭”。而“不是我”这样典型的掩饰性谎言，是儿童为了避免惩罚而掩盖真相，为了推卸责任和逃避任务而说

1　Villines, Z.（2019, January 7）. Why Do Children Lie? Normal, Compulsive, and Pathological Lying in Kids. *GoodTherapy*.

的谎。如果您不对这些行为加以制止和矫正，那么掩饰性的谎言就有可能变得越来越频繁，复杂且有预谋，对儿童的健康成长有百害而无一利。

有的时候，儿童会为了保护他人不受伤害而“说谎”，例如，“打针一点也不疼”（避免成人担心）。这被称为“善意的谎言”，标志着他们的心理发展突破了一个重要的阶段，有了社会意识的萌芽。

因患疾病而说谎

有的儿童可能患有“强迫性说谎”，其主要特点是：无目的地说谎，为了操控他人而说谎。这类儿童通常伴有其他精神性疾病。而缺陷与多动障碍（多动症）孩子也往往因为说话前不假思索而被误认为在“说谎”。儿童还可能因为心理健康问题而说谎，例如被虐待、精神焦虑、

我没有打碎花瓶

不自信、患有人格障碍等。在这些情况下，儿童说谎的行为需要专业的心理治疗才能得以改善。

怎么办?

1. 树诚信，立家规

以身作则，树立诚实守信的行为榜样。您可以反复向孩子说明诚实的重要性和欺骗的害处——损害信誉、友谊和信任关系。跟孩子讲讲《狼来了》的故事可以帮助孩子理解诚实的重要性。此外，家长以身作则，“说话算话”，坚持诚实，也能够强化儿童的诚实表现。而相反地，“说话不算话”“善意的谎言”，对儿童来说，都是骗人的谎言。

2. 分析儿童说谎的类型，处理说谎的动机

儿童“说谎”的原因主要有以下几点：天马行空的幻想，寻求关注的吹嘘，掩盖事实的否认，感到压力过大。正如上文所述，这些“说谎”的原因也往往与他们的生理、心理发展的成熟度有关。家长应根据儿童“说谎”的类型和原因采取相应的策略。

3. 忽视儿童求关注的“谎言”

当孩子“说大话”想要获得关注或者增强自信时，例如，“我比我爸爸力气还大”，家长无须严厉地批评，只要指出事实并非如此，也不要让儿童继续用“谎言”引起更多关注。家长可以将焦点转移至儿童陈述中真实的部分，或者引导儿童说出真实的情况，如“嗯，你的力气很大，爸爸的力气更大”。

4. 谈谈后果，解释清楚说谎的害处

如果孩子为了掩饰事实而说谎，家长首先应避免过度惩罚。身处恐

惧的环境更容易让孩子说谎，切勿让说谎成为孩子解决问题的“快捷方式”。然后，要让孩子明白错误的行为和撒谎造成的后果，并引导孩子用积极的行为补偿。例如，推了别人应主动向他人道歉；没有完成作业就要把所有的作业补上才能去玩；等等。家长需要严肃地执行后果，不可给孩子“钻空子”的机会。

5. 减少压力，鼓励诚实

父母过高的期望可能导致孩子说谎，孩子在面对不可能完成的任务时也可能说谎。此时，家长可以通过降低要求、减少压力来让孩子感到放松，鼓励孩子说出真实的想法。例如，坦白承认自己的过失，说一个您自己曾经犯错的例子。您可以说：“我有时候也会犯错，我小时候……诚实地告诉爸爸妈妈让我好受了很多。现在，我希望听到你诚实的回答。”

6. 尊重孩子，给孩子重新诚实的机会

不急于下结论，耐心聆听孩子的叙述，调查完情况的真实性之后再判断孩子是否真的在说谎。您还可以给孩子一个台阶下：“我现在走开一会儿，10 分钟之后我会再回来问你。我希望听到诚实的答案。”如果孩子习惯性地说谎，您可以制订一个诚实奖励计划。

7. 私下处理

如果孩子的说谎行为发生在隐秘环境（仅有儿童及当事成人）里，成人可以直接指出，教育儿童认识错误；如果是在公共场合，您可以说：“你今天做错了一件事情。你自己好好想想。想到了就告诉我。我们一会儿再讨论。”这样可以提醒他稍后我们还要处理这件事情。此外，教育孩子时应尊重孩子，私下处理事情，不可四处宣扬。

25 孩子爱告状，怎么办?

为什么?

无论您的孩子几岁了，您一定都听过人类幼崽的告状：“他抢我东西”“她推我了！”很多家长对此十分纠结，默许孩子告状，怕长此以往养成习惯招人烦；制止孩子告状，怕孩子真的受到伤害，家长第一时间不知情。

事实上，孩子爱告状，并非个体现象。研究人员专门开展了一项科学实验来观察幼儿的告状频率，他们观察了 40 名 3 ~ 4 岁的幼儿，结果是惊人的，在为期 66 小时的观察中，发生了 354 起告状事件。也就是平均每个孩子每天告状 1 次，更有部分幼儿一天告状超过 6 次。[1]而告状的内容也相对集中，相比于在游戏中的争论、同伴间的嘲笑、骗人等行为，幼儿对违反规则的行为极其敏感，一旦涉及就是“有状必告”。所以不仅仅只有您的孩子“爱告状”，告状可以说是幼儿的典型发展行为之一。

孩子为什么告状呢？这和他们的道德发展的局限性有关。根据皮亚杰的观点，在 2 ~ 8 岁时，幼儿处于道德发展的“他律阶段”。他们

1　Ingram, G. P., & Bering, J. M.（2010）. Children's Tattling: the Reporting of Everyday Norm Violations in Preschool Settings. *Child Development,* 81（3）: 945–957.

道德判断的依据是观察行为产生的客观效果，也就是通过权威者（父母、老师）的评价来判断行为的对错，而不考虑行为的主观动机。[1]成人鼓励的行为，幼儿就会认为是适宜的行为，而遭到父母批评的事情，幼儿就会认为是违反了规则，是不正确的行为。当孩子到3岁左右，他们就会开始观察身边违反规则的行为，特别是当这种行为对自己或者同伴不利的时候，他们会尤其敏感。然而，他们还无法在复杂的情景下通过分析行为的动机、意图来判断和评价行为。因此，他们只要看到有人没有按照老师或者父母的要求去做，就必须"伸张正义"。

除了道德发展水平，孩子"爱告状"，也是因为告状真的"管用"，告状能够帮他们解决实际问题。例如，当孩子面临同伴的威胁，被抢走玩具，大声地抗议或许可以制止对方，但这需要极大的勇气。如果直接"武力抗议"，很有可能导致冲突升级，还有可能被成人连带责罚。对解决问题能力尚在发展中的幼儿来说，用告状来寻求帮助，其实是一种介于肢体冲突和自己解决问题之间的折中方案，是一种低风险而高效的冲突解决方法，能快速制止让他们不愉快的同伴行为。但不可否认的是，对幼儿来说告状也能带来一定的好处。研究表明，70%的告状者（幼儿）得到了对自己有利的反馈。[2]有的时候，幼儿无关痛痒的告状也可能是想宣泄情绪，得到大人的关注与安慰，或者成为群体中的领导者。例如，某个孩子在搭积木中发明了一种新玩法，引得小伙伴都过来围观。此时，另外一个孩子也开始效仿，为了保住自己在群体中的地位，孩子便向老师告状："他学我，是我先这样搭的。"

尽管我们从儿童认识发展层面解释了幼儿为什么会告状，但这不意

1 Ingram, G. P., & Bering, J. M. （2010）. Children's Tattling: the Reporting of Everyday Norm Violations in Preschool Settings. *Child Development,* 81（3）: 945–957.

2 Friman, P. C., Woods, D. W., Freeman, K. A., et al. （2004）. Relationships between Tattling, Likeability, and Social Classification: A Preliminary Investigation of Adolescents in Residential Care. *Behavior Modification*, 28（3）: 331–348.

老师，他踢坏了我的积木！

味告状是值得鼓励的。也有研究表明，告状者容易遭到同伴拒绝，成为群体中不受欢迎的人。所以，不论是在成人的世界还是在孩子的眼中，“告状精”的确都是不受大家待见的。而如果您的孩子恰好处于爱告状的阶段，您也不必过于担心，因为随着儿童年龄的增长和解决问题能力的大幅提升，他们告状的行为也将慢慢减少。一项多胎家庭中告状行为的研究也表明，幼儿 2 岁时告状的概率是 87.1%，4 岁时是 74.8%，而到了 6 岁则大幅减少到 56.4%。[1][2]

1 Den Bak, I. M., & Ross, H. S. （1996）. I'm Telling! The Content, Context, and Consequences of Children's Tattling on Their Siblings. *Social Development*, 5（3）:292–309.

2 Ross, H. S., & den Bak-Lammers, I. M. （1998）. Consistency and Change in Children's Tattling on Their Siblings: Children's Perspectives on the Moral Rules and Procedures of Family Life. *Social Development*, 7（3）: 275–300.

怎么办？

1. 理解孩子的告状行为

只要孩子不是出于恶意告状、搬弄是非，我们都应该肯定孩子现有的道德发展水平，对孩子克制的表达表示认可：“是的，他那样做的确不对，你能坚持规则，还能够指出小伙伴的问题，你长大了。”“他那样做你一定很不舒服吧，爸爸妈妈知道你现在有点不开心。”“你没有动手，而是用语言请求大人帮忙。爸爸妈妈很认可你没有动手。”此外，对低龄的幼儿还可以给出一个关爱的抱抱。

2. 区分“告状”与“告诉”

在跟孩子讨论爱告状之前，我们首先明确并且教给孩子的是，报告鸡毛蒜皮的小问题，这叫“告状”；报告存在安全隐患和重大风险的大问题，叫作“告诉”。我们的原则是：对待告状，可以理解但并不鼓励；而对待存在安全隐患、可能导致自己或者他人受伤的大问题则必须立即告知大人。例如，“他在柜子里拿了玩具”，既不危险，也不紧急，属于“告状”；“她在爬柜子”，有跌落风险，可能导致受伤，需要立即向大人报告，属于“告诉”。

3. 明确告状的条件，对告状的内容加以限制

您可以告诉孩子告状之前不妨思考以下问题：“会有人受伤吗？”“会有东西损坏吗？”“你自己有没有尝试过解决问题？”如果这些问题的答案是否定的，则意味着这个问题暂时还并不需要成人的介入干预，可以鼓励孩子自己解决或不必理会。反过来，您也可以和孩子强调：“你觉得害怕、紧张、难过受伤的时候一定要告诉大人。”您也可以与孩子阅读《不要告状，除非是大事！》《不告状，除非有危险》

等绘本，在绘本情景中讨论发生什么事情需要报告大人。

4. 既不鼓励告状，也不贴标签

不要给孩子贴上“爱告状”“爱打小报告”的标签，在孩子向您求助的时候明确表达您的关心，把关注的重点放在孩子告状的内容，而不是告状行为本身。如果孩子年龄比较小，就尽可能帮助孩子一起解决问题。“谢谢你告诉爸爸妈妈你的想法，爸爸妈妈知道你现在有点生气，爸爸妈妈会和你一起想办法。”在事情处理完之后，您可以引导孩子认识告状的行为，明确地告知“再遇到刚才的小问题不必告状，下次我们可以试着自己解决”。

5. 鼓励换位思考

讨论告状对他人的影响，尤其是对 5 岁以上的孩子。您可以这样问孩子：“如果你只是不小心做错了什么，不是有意违反规则，但是别人告状，你的心情怎么样？你会不会难过，感觉朋友背叛你了？”“你告状的时候，你觉得别人会开心吗？”尽管幼儿的思维特点往往是以自我为中心，但通过这样的对话能让幼儿尝试换位思考，体会到告状对其他人带来的尴尬和不适，发展同理心，宽容伙伴。

6. 找到引发告状的根源，提升幼儿的社交能力

有研究表明，物品的所属权和幼儿间的肢体冲突也是告状的重点，如“她拿了我的东西！”“他撞到我了！”这是因为幼儿处在自我意识萌发的阶段，对自己的物品格外关注和在意，也容易产生社交矛盾。家长可以根据具体情况引导幼儿向同伴表达意见，例如，“这是我的东西，请你不要拿”“你撞到我了，让我很不舒服”。如果这样明确的表态都没有得到同伴的回应，您还可以进一步引导幼儿思考：“如果他不听你的怎么办？”“你还可以对他说什么？”“以后遇到这样

的情况，你会怎么做呢？”如果幼儿解决问题的能力尚不成熟，您还可以提建议：“你觉得这样做，怎么样？”您也可以与孩子阅读《不要告状，要沟通！》《请先问问我的想法》等绘本帮助孩子学习解决同伴冲突的办法。

7. 避免对告状采取严厉的责罚

特别是家中有两个或两个以上孩子时，如果告状的内容不涉及原则问题，就应尽可能避免对孩子们告状的行为采取严厉的责罚。您可以用正面行为引导孩子：“你知道他做得不对，那你有什么办法能帮助他呢？”这样可以让孩子们把关注的重点转移到正确行为上。

8. 保持耐心，适当忽略

幼儿行为的发展不是靠一两次说教就能立竿见影的，家长应对孩子成长的过程保持耐心，适当忽略孩子鸡毛蒜皮的告状。随着孩子年龄的增长，您也可以向孩子解释差异和强化正确行为：“每个小朋友是不同的，有时候我们很难改变其他人的行为。他也会为自己的行为承担后果，最重要的是我们自己要做正确的事情。”

26 孩子不爱打招呼，怎么办？

为什么？

您是否有过这样的经历：熟悉的人迎面走来，热情洋溢地打招呼，和孩子聊天，而孩子却总是摆出一副冷漠脸、嫌弃脸、害羞脸，总之一副爱搭不理、向后退缩的样子。这种“社死”场景，让场面一度陷入尴尬。为什么孩子打个招呼就这么难呢？看着自家娃敏感、内向、认生的样子，父母也忍不住担忧：“这孩子将来不擅长社交，不爱表达，该如何是好？”有些父母很容易把“不打招呼”和“没礼貌”对等起来，觉得需要“教育一下”，但是他们往往忽略了这种“当众被教育”对孩子带来的伤害。

见面打招呼是成人世界基本的社交认知，我们希望展现积极友好的社会形象，对于孩子来说，则是另外一回事。礼貌的社交礼仪是人类社会化的结果，并非人的本能。小孩子的胆怯和害羞是与生俱来保护自己的能力，面对陌生人，这种情绪表现得更为明显。而这种谨慎的态度可以帮助幼小的他们避免不必要的伤害。打招呼还与幼儿是否建立了充足的安全感有关。有的孩子明明心里想要靠近，却只会躲在角落偷偷看。这是因为孩子的安全范围比成人小得多，在不确定安全前，他们不愿意主动与他人互动，尤其是大人。此外，幼儿园阶段的孩子对于“打招呼”这件事情，是无法像我们成人一样考虑到友好、不让熟悉的人尴尬等复杂的想法的。

但是，在幼儿早期建立社交认知和培养幼儿社交礼仪是至关重要的。研究表明，幼儿如果能建立友善、自信的问候习惯，他们成年之后也能继续保持并且展现良好的社交能力。如果成人反复强迫孩子打招呼，甚至用强硬的手段“要求”，结果很容易适得其反，不仅不会促进孩子社交礼仪的形成，更可能招来孩子对社交的恐惧，打招呼也就变成了极不愉快的社交体验。

怎么办？

1. 尊重孩子的意愿

培养孩子的社交礼仪，需要先尊重孩子的感受。孩子只有感受到被尊重，才能尊重他人。如果孩子当时不愿意打招呼，不应强迫孩子，也不要斥责孩子“没礼貌”。虽然这种方法看似奏效，孩子有时会出于恐惧或者糖果诱惑而打招呼，但这种做法会破坏孩子对陌生人的“边

我不认识妈妈的朋友

界感”，也不理解打招呼的意义。

2. 以接纳的态度，帮助孩子缓解社交恐惧

慢热、内向的孩子进入社交场景时会表现出躲闪、退缩、紧张不说话。作为家长应格外留心观察，分析孩子紧张的原因：是因为同伴太多不知道和谁玩，还是因为环境不熟悉而感到紧张？您可以提前和孩子介绍要会面的人或者即将进入的社交场景。例如，介绍客人与孩子共同的兴趣，比如，“一会儿爸爸的同事要来家里做客，他叫吴叔叔。他也很喜欢打篮球，你们一会儿要不要一起拍球比赛”，“一会小明哥哥要来家里做客，他也养了一只小狗”，“一会儿我们要和舅舅一家一起吃饭，因为舅舅今天过生日。舅舅请你吃生日蛋糕哦”。

3. 在游戏情境中，模拟打招呼的方式

在游戏情境中练习打招呼，是孩子乐于接受的方式。您可以和孩子玩“过家家”游戏，让孩子明白打招呼是人与人之间的一种问候方式。例如，在玩煮饭游戏中，您可以示范问候语：“厨师，您好，我肚子饿了，来点好吃的。”您可以向和孩子说明：“你看，我是个很有礼貌的客人，我跟厨师问好了。这样厨师就会很乐意招待我。”您还还可以创设不同的游戏情境，带孩子练习问好，例如“小狗你好”“超人你好”“警察你好”，练习多了，打招呼也就逐渐成了一种自然而然的习惯。此外，在真实情景中，您可以积极地向幼儿示范并说明，例如，“刚刚和妈妈打招呼的是邻居张阿姨。我向张阿姨问好，她很开心啊”。

4. 在轻松的氛围中，跟孩子聊聊“打招呼”

在睡前、洗澡等轻松的时刻，您可以和孩子聊聊关于“礼貌”的意义和人际交往的基本规范。利用动画片、绘本等资源，向孩子传授“打招呼”的技能，比如《你好》《打招呼》《小松鼠纳特金的故事》《玛

德琳讲礼貌》《嗨，你好！》等都是有关问候礼仪的绘本。

5. 给予明确的要求和及时的帮助

如果您平时很少鼓励孩子问候他人，自己的个性比较内敛，那么孩子在某个场合突然被父母要求问好，脑袋自然就容易“卡壳”了。您可以事前向孩子提出要求。例如，“一会儿我们要和舅公吃饭，你要叫他舅公啊”。如果孩子还是觉得为难，不愿意配合，可以鼓励孩子自己解决问题，例如，“你想怎样打招呼？”“你觉得什么时候你可以叫舅公？”此外，您可以多带孩子参与社交活动，并根据不同的情景给出明确的提示，例如，在家庭聚会上，您可以向孩子解释：“在餐桌上，我们都会用碰杯来表达问候和祝福。”

6. 多加鼓励，让打招呼成为一种愉快的社交体验[1]

及时地肯定孩子打招呼的行为，对孩子的礼貌表现和进步，充分鼓励。例如，“刚才你向张老师问好，你看，张老师笑开了花”。如果孩子还不习惯用“叔叔阿姨好”等语言来表达问候，您可以降低难度，告诉孩子眼睛看着叔叔阿姨，挥挥手就行。如果还是有难度，您还可以尝试引导孩子找到自己舒服的、合适的打招呼方式。您可以说：“你还不习惯说‘叔叔阿姨好’，那我们就挥挥手吧，挥手也是一种打招呼的方式。”

7. 划定打招呼的界限

对陌生人的恐惧感是幼儿自我保护的本能反应。如果不加以明确的说明，孩子可能对什么情况下需要打招呼感到困惑。出于安全的考虑，您可以向孩子说明：“爸爸妈妈介绍给你认识的大人是我们的朋友，可以放心地打招呼。如果爸爸妈妈不在，不要轻易地跟陌生人打招呼。”

---

1 Katherine Lee.（2022, January 25）. Teaching Your Child to Greet People. *Verywell Family.*

27 什么时候和孩子分床分房睡?

为什么?

大部分家庭都曾经有过分床或分房睡失败的经验，哪怕对分床或分房有周密的计划，也可能在这件事情上屡战屡败。就算已经和孩子达成分床睡的约定，孩子已经在自己的新床上睡了好几次午觉，晚上您可能发现孩子又爬上了你们的大床。

在中国，大部分的父母在孩子幼儿时期都亲子同睡。从孩子出生起，我们就习惯让宝宝睡在旁边。母乳妈妈更是觉得和宝宝一起睡方便哺乳。[1]亲子同睡也确实好处多多，例如，睡眠专家麦肯纳的研究表明，亲子同睡的孩子们安全感更足，减压能力更佳，个性也更平和、独立和自信。[2]尽管有研究表明分床睡可以将婴儿猝死综合征的风险降低 50%，但也有研究表明，较早独睡的婴儿会有更好的睡眠节律，夜

1 Blair, P. S., Ball, H. L., Mckenna, J. J., et al.（2022）. *Bedsharing and Breastfeeding: The Academy of Breastfeeding Medicine Protocol #6, Revision 2019.*

2 Mckenna, J. J., Thoman, E. B., A Nders, T. ., Sadeh, A., & Glotzbach, S. F. .（1993）. Infant-parent Co-sleeping in an Evolutionary Perspective: Implications for Understanding Infant Sleep Development and the Sudden Infant Death Syndrome. *Sleep*, 16（3）:263–282.

我有了自己的房间，我可以自己睡

间醒来后奶睡概率也更低，父母的睡眠质量也更好[1]。

但随着孩子一天天长大，他们的独立意识和性别意识也在发展，家长们也希望孩子们能尽早单独睡。特别是有了二孩、三孩计划的家庭，迫切地希望哥哥姐姐能够尽早在睡觉这件事情上独立起来。

有的爸爸妈妈担心，越晚和孩子分开睡，要分开时难度越大，也害怕不恰当的分开睡会对孩子的心理成长产生不良的影响。那么到底何时与孩子分开睡呢？

---

1 Moon, R. Y.（2016）. SIDS and Other Sleep-Related Infant Deaths: Evidence Base for 2016 Updated Recommendations for a Safe Infant Sleeping Environment. *Pediatrics*, 138（5）: 29-40.

怎么办?

1. 婴儿期开始分床睡

如果宝宝刚出生，您家里又有条件，可以尝试给宝宝准备一个小床，靠在大床的旁边。

2. 培养好的睡眠习惯，建立就寝常规

您可以设置一个固定的睡觉时间和睡前准备程序。建议在这个程序当中安排一些爸爸妈妈和孩子上床睡觉前一起做的事情，例如洗澡、穿上睡衣和阅读睡前故事等等，然后在这个程序的结尾让孩子自己独立入睡。

3. 听听孩子的想法

爸爸妈妈可以和孩子谈论分床或分房睡这件事情，自然地谈论您小时候经历过的分床或分房的故事，同时让孩子做好心理准备。

4. 借助绘本故事

和孩子一起共读相关的绘本故事，例如，《第一次自己睡觉》《你睡不着吗？》《我喜欢说晚安》等等。这些绘本可以让宝贝了解，每个孩子长大后都要学会独立睡觉，独睡也很有趣。

5. 制订循序渐进的计划

您可以和孩子一起制订一个独睡计划，以循序渐进为原则。从分床到分房，设定一个弹性的大框架。或者您可以让孩子从独立半小时的午睡开始逐渐适应等，根据孩子的情况灵活调整。

6. 让孩子参与布置独睡房

和孩子一起构想房间可以刷什么颜色，里面需要什么样的小床，什

么样式的台灯。当孩子参与到这些事情时，能让他感受到他是这个房间的主人。

7. 为独睡做一次仪式

爸爸妈妈可以和孩子来一场仪式感满满的互道晚安，给一个拥抱，然后让孩子爬上精心准备的小床，这会让他对独睡充满好感。

8. 温柔而坚定地实行计划

当进入计划时，第一周最困难，孩子可能会用哭泣来抗议。爸爸妈妈要温柔地告诉孩子，“你的小房间很安全，如果你有需要，爸爸妈妈可以在房间里陪你一会儿”，但是一定不能妥协。如果您坚持这样做，孩子的新睡眠习惯会在 2 ～ 3 周逐渐建立。

9. 及时鼓励

当孩子已经开始独睡计划，爸爸妈妈应及时鼓励。如，当孩子醒来时，您可以给孩子一个大大的拥抱，告诉他：“妈妈感到很高兴，我的宝贝长大了，能够自己睡觉了！”告诉他，每次他自己睡觉时，您都为他自豪。

10. 积极解决后续问题

当孩子开始独睡后，会有许多的问题接踵而来，例如，孩子悄悄爬上了您的大床，或是弟弟妹妹睡在了您的大床让孩子心生嫉妒等等。这时如果您责备孩子，会让他为此感到非常沮丧，从而更依赖与父母同睡。您可以问问孩子，了解潜在原因，是晚上做噩梦了，还是想和弟弟妹妹一样分享爸爸妈妈的大床，然后针对原因解决问题。

28 孩子在家不收玩具，怎么办？

为什么？

不知道您的家里是否也会有这样的情景——孩子玩完玩具，地面一片狼藉，走近一看，除了满地的玩具，还有不少意外的“惊喜”：盥洗室的卷纸满地都是、厨房的瓶瓶罐罐成了孩子“过家家”的“调味瓶”，地板上还有一摊摊的水迹……这时，您不禁感慨：为什么我的孩子总是不收玩具？

试想一下，当孩子愉快地玩了一天后，看着满地的玩具，而这个时候要把玩具归位，做这件事情一定是“很为难啊”。“为难”的原因很多，可能是还想继续玩，或者是不舍得拆掉他刚刚搭好的作品，比如战斗机、城堡等；可能是玩具太多了，让孩子感到“任务过于艰巨”；也可能是家里没有孩子固定的储物空间，他不知道要把玩具收回哪里；又或者是孩子知道，会有人帮他收拾“残局”。

这个时候，您会怎么做呢？当然，就当下而言，帮助孩子收拾整理是最快捷便利的方法。但就长远而言，让孩子学会收拾整理，不仅能培养习惯，也能建立责任意识。幼儿期是孩子习惯养成的关键时期。[1,2,3]因此，我们应该在孩子刚开始玩玩具的时候就培养他们收玩具的习惯。从小培养孩子收拾整理的好习惯，还能帮助孩子更好地适应小学——收拾自己的书包，整理自己的作业和试卷等等。因此，孩子收拾玩具事小，但是习惯养成事大。

怎么办？

1. 重新检视孩子的游戏环境，让环境“会说话”

在培养孩子收拾玩具的习惯前，请先环顾一下孩子的游戏环境，是否有专门的储物空间？是否有专门的箱子或盒子来分类不同的玩具？是否有专门的地方展示、存放孩子未完成的作品？我们建议您在家里添置一些适合孩子高度的置物柜或架子，将玩具分类存放。同时，在每个框上制作简易的标签（如：画一辆车，并用文字标注“车”），这样做不仅能够让孩子知道玩具往哪里放，还创造了学习文字、数字的机会。若孩子有没完成的作品，可告知孩子摆放在固定的位置，下次继续完成。

2. 约定好玩玩具的时间，并提前告知结束的时间

要让孩子知道收玩具并不是额外的任务，而是玩玩具环节的一部分。在玩玩具前，和孩子约定好玩玩具的时间，并在结束前 10 分钟或 5 分钟时告诉孩子，“我们的玩具时间还有 × 分钟就结束了”。您也可以使用沙漏，让孩子直观地感受时间。如果孩子还想继续玩，可以理解孩子的感受，但是应坚持原则，“我知道你还想玩玩具，但是现

1 王雯波（2008）. 幼儿行为习惯养成教育的实践研究 . 宁波教育学院学报，（5）：117–119.

2 游锡剑（2014）. 浅谈幼儿良好行为习惯养成的重要性 . 才智，（25）：49.

3 王柳苏（2020）.3—6 岁幼儿良好习惯的分类及其养成困境与策略 . 教育观察，（28）：55–57，60.

在玩玩具的时间结束了。你可以把没完成的作品放在架子上，我们下一次继续做吧”。记住，温柔且坚持。

3. 从一个小的、具体的任务开始

面对各种各样的玩具，孩子可能不知道从哪儿下手。这时候，我们不妨从具体的、小的任务开始。与其说“来吧，收玩具吧”，不如告诉孩子“我们先把小汽车送回家吧”。等孩子将汽车归位后，再让孩子收拾下一样物品。对于年龄尚小的孩子，您可以和孩子一起收，但是应明确分工：“我收红色的玩具，你收你喜欢的蓝色玩具吧！”

4. 将收拾玩具的过程游戏化

孩子都喜欢玩游戏。在培养孩子收玩具这个习惯的前期，可通过游戏的方式展开。例如，当您发现了满地纸片时，您可使用透明胶带在孩子的手掌绕一圈，和孩子玩“吸尘器”的游戏；播放音乐，听到音乐就收拾，音乐暂停就休息，看看音乐结束的时候能否将玩具收好。

收拾玩具

5. 及时肯定/鼓励孩子的正向行为

当孩子将玩具收好后，别忘了及时给予孩子肯定，如："哇，我看到你把小汽车都送回家了，一下就变整齐了。你真是好样的。"帮助孩子感受当下整齐的环境是他努力的结果。刚开始，可能孩子还不能把每样物品都归位，但随着时间的推移，您会发现孩子收玩具的动作越来越娴熟。

6. 角色示范作用：和孩子一起收玩具

当孩子需要您的帮助时，和孩子一起收玩具。在日常的家务活动中，通过语言描述您和家人的行为，"看，爸爸在洗碗。妈妈在整理衣服"。这样能够让孩子看到、感受到大家做的事情。您的角色榜样作用很重要。如果孩子到幼儿园大班了，可以和孩子一起制定规则，全家一起执行。例如，每个人吃过饭都要自己收拾碗筷。如果忘记收了，经提醒还没有收拾，怎么办？您也可以让孩子来决定规则，然后所有家庭成员都要执行。

7. 制作"收拾玩具"打卡表

和孩子一起制作一张"收拾玩具"打卡表，并张贴在孩子玩玩具的地方，每当孩子完成一次收玩具的"壮举"后，邀请他在表中打"√"或涂色。这样做有助于培养他自觉收拾玩具的习惯。此外，一些绘本也可以帮助孩子理解整理收拾的重要性：《乱扔东西的塔格叔叔》《收拾房间的理由》《收起来》《全都收拾好》等等。

29 要上小学了，孩子的自理能力差，怎么办？

为什么？

常常听到不少家长抱怨，孩子进入小学后，特别不适应，不是吃饭太慢了，在学校吃不饱，就是起床后太磨蹭，上学总迟到，还爱丢三落四，把课本都弄不见了……这些举动实在是让人操碎了心。自理能力的缺乏，给孩子的学习、生活带来一系列困难与麻烦，甚至影响其一生。

著名教育家陈鹤琴先生指出：“凡是儿童能自己做的事，应当让他自己做。”玛利亚·蒙台梭利也曾提出过类似观点：“如果孩子觉得这是他自己能完成的事情，就千万不要帮他做。”《3 ~ 6 岁儿童学习与发展指南》明确提出，成人应帮助幼儿养成良好的生活与卫生习惯，提高其自我保护能力，形成使其终身受益的生活能力和文明生活方式。[1]孩子的自理能力为什么这么重要呢？首先，自理能力是在生活中培养的，良好的自理能力有助于孩子养成健康的生活方式，包括保持个人清洁、规律生活、按时进餐、关心环境卫生等。[2]其次，生活自理中的

1 中华人民共和国教育部制定（2012）.3 ~ 6 岁儿童学习与发展指南 . 北京：首都师范大学出版社 .

2 顾荣芳（2003）. 学前儿童健康教育论 . 南京：江苏教育出版社 .

扫地

一系列动作也有助于孩子精细动作技能的发展与脑的发育。[1]在锻炼自理能力的过程中，孩子学习如何独立做事、处理实际问题，逐步培养起独立、自信、有责任心的品质。孩子的学习能力也是在良好自理能力的基础上发展起来的，只有具备自我服务的能力、自我管理的意识，孩子才能在学习上发挥主动性，自主安排学习上的大小事情，才有可能取得优异的学习成绩。

斯坦福大学前新生教导主任朱莉·利思科特－海姆斯在演讲中谈到，在教育孩子的问题上，很多父母都存在“过度”现象：过度帮助、过度保护、过度指导、过度关怀。他们事无巨细地管理孩子的生活，为孩子包办一切，向孩子传递着这样一个信号：“没有我，你什么都干不成。”在这种情况下，孩子的自理能力、独立生活的能力往往得

1 柳倩，周念丽，张晔（2016）. 学前儿童健康学习与发展核心经验 . 南京 : 南京师范大学出版社，P208.

不到很好的发展，[1]并将进一步影响孩子的自我效能感和自信心。因此，想要培养孩子良好的自理能力，要大胆“放手”让孩子做。

怎么办？

1. 充分信任孩子

放手的第一步，是父母在观念上有所转变，相信孩子“能行”。儿童心理学家劳伦斯·科恩曾说：“对于父母而言，焦虑的反义词并不是安宁，而是信任。”孩子吃饭的问题，反映出家长对孩子的信任程度，放心让孩子自己用勺子、筷子进食，还是担心孩子吃不饱、吃得邋遢而追着喂饭，会对孩子自理能力与饮食习惯产生截然不同的影响。如果父母不能放手，为孩子创造练习这些技能的机会，那么有可能让孩子始终无法获得这些技能。

2. 创造合适的物质条件

一个“有准备”的环境，是培养孩子自理能力的物质保障。放低高度的晾衣架、小一号的马桶、适应孩子身高的扫把、方便孩子站立的清洗台等，都能激发他们“自己做”的兴致，契合孩子的生理条件，并允许他们充分发挥。

3. 引导孩子从力所能及的小事做起

在自理能力的培养上，我们既要相信孩子的能力，又不能急于求成。《3 ~ 6 岁儿童学习与发展指南》详细阐述了学龄前儿童可以完成的生活自理活动，例如，3 ~ 4 岁的孩子能够在帮助下穿脱衣服或鞋袜；4 ~ 5 岁的孩子能够整理自己的物品；5 ~ 6 岁的孩子会自己系鞋带等。美国育儿专家伊丽莎白·潘特丽推出过一份《儿童学做家务事年龄表》，

1　Lythcott, J.（2015）. How to Raise Successful Kids–Without Over–parenting . *TED*.

具体列出了不同年龄儿童可以完成的家务活明细，您可以参考。[1]

4. 将任务细化，并做出示范

当孩子不熟悉某项任务时，您可以将一个任务拆分为几个步骤，例如“把被子叠整齐”这一任务看似简单，但对于孩子来说“叠整齐”是难以理解的。您可以把“大”任务变成小步骤，边说边演示，让孩子确切理解您的要求。再例如“把玩具收拾整理好”，会让孩子感到任务艰巨而却步，您可以改成“你收乐高，我收小汽车”，将任务分解，以便孩子更容易完成，并收获“完成了某一项任务”的成就感。

5. 利用生活情境，创造尝试机会

孩子总是乐意帮助他人的。在这一过程中他们获得自我价值感，同时也会习得一些生活自理能力。对于缺乏自理能力的孩子，您可以在日常生活中创造机会，让他们尝试参与到自我服务或服务他人的劳动中来。例如，在洗水果时请孩子帮忙去除草莓蒂，在扫地时请孩子帮忙扶着簸箕等。

6. 巧用儿歌、游戏等方法

儿歌、游戏等方法是幼儿园教学中经常运用的形式，深受孩子喜爱，在培养孩子的自理能力时，您也可以巧用这些方式。例如，教孩子叠衣服的儿歌“衣服铺铺好，左手抱一抱，右手抱一抱，帽子点点头，衣服弯弯腰”，帮助孩子快速掌握叠衣服的要领。陪孩子玩“给娃娃穿衣服”“帮小猫洗脸”等角色扮演游戏，能有效激发孩子对生活自理活动的兴趣，在游戏中练习各式各样的生活技能。

1 Pantley, E.（n.d.）. Chores for Kids: Tips and Age Appropriate Ideas. *Kidsinthe-house*.

7. 忘掉“完美主义”

父母应允许孩子试错，包容他们做得不完美的地方。孩子吃饭时，衣服被粘了米或洒了汤汁、裤子穿得不够端正、洗手时泡沫没冲干净……这些都不过是孩子成长过程中的小插曲，无伤大雅。如果因为孩子“弄得乱糟糟”就剥夺孩子尝试的机会，或者责备孩子“这都做不好”，不仅会让孩子更不愿意尝试，还会让孩子越发退缩，自理能力越来越弱。

8. 以身作则

孩子“做”你“做”的，但是不会“做”你“说”的。如果您以身作则，起床后整理好床铺、饭前主动洗手，并向孩子说明您这样做的原因，一定会在潜移默化中带给孩子积极正面的影响。

9. 提供适当的奖励

为孩子制订一个合理的计划，并根据孩子的完成情况给予适当的奖励。您不妨制作一张图表，列举孩子在一日生活中可以自主完成的任务，如准时起床、自己吃饭、收拾玩具等，每当孩子顺利完成一项任务，就奖励他一颗星星。当集齐一定数量的星星后，便满足孩子一个合理的小心愿，如周末一同去野餐，以此作为对他的鼓励。

30 孩子不按时睡觉，怎么办？

为什么？

每天，很多家庭上演“睡前拉锯战”，一定要等到气氛“剑拔弩张”，或者家长发火，孩子才肯睡觉。家长们担心孩子睡觉太晚，上学起不来，睡眠不够会影响孩子的生长发育等。一想到这些“并发症”，爸爸妈妈们难免焦虑。

大人觉得有时间睡觉是件幸福的事，为什么孩子不想睡觉呢？幼儿园阶段的孩子精力旺盛、好奇心强，好像身体里有一个永远停不下来的“小马达”。没有养成规律的作息，白天运动量不够，睡前玩过于兴奋的游戏，听了恐怖故事，或者以往有不好的睡前体验等等，这些都可能导致孩子不愿意主动入睡。

良好的睡眠习惯能让孩子终身受益。睡眠不足会让孩子容易暴躁，影响孩子的专注力，甚至对他们的日常生活产生影响。根据美国儿科学会（AAP，American Academy of Pediatrics）的数据，四分之一5岁以下儿童睡眠不足。儿童早期睡眠不良不仅可能引起过敏性鼻炎、免疫系统问题、焦虑和抑郁，还可能增加患有肥胖、糖尿病以及心血管疾病的风险。因此，家长应引起重视。[1]

1 AASM（American Academy of Sleep Medicine）（n.d.）*Practice Guidelines.*

我不睡觉，我要玩玩具

那么，怎么做到让孩子按时睡觉呢？关键是要先找到原因，再逐个击破。我们在此列举了一些措施，希望对您有所启发。但是，如果您的孩子有孤独症或者多动症等，他的睡眠也可能因此受到影响。以下方法也适用于发展异常的孩子，但是，如果睡眠问题持续得不到改善，建议您就医。

怎么办？

1. 养成稳定的作息习惯[1]

首先，从孩子 3 个月左右开始，就要培养他独自入睡的能力。可以从建立稳定的睡前活动程序开始，例如，先洗澡，然后讲个故事，就准备睡觉了等等。2 岁以下的孩子，他困了时就应该马上睡觉，过度疲倦会让他们烦躁不已，难以入睡。睡眠也要讲究时机，对于 2 岁左右的孩子来说，最佳入睡的时机不是他清醒的时候，而是他困了的时候，这样可以让孩子学会独立入睡。3～6 岁的孩子，要让他养成一个相对固定的作息时间，让他形成自己的生物钟。

1　Pacheco, D. (2020, September 24). Children and Sleep. *Sleep Foundation.*

2. 选择合适的睡前活动

对于幼儿园阶段的孩子来说，焦虑和害怕可能引起睡眠问题。如果孩子拒绝参与睡前活动，您可以让他选择穿哪件睡衣或读哪本书来吸引他参与。如果强制命令孩子去休息，就可能会引起他们强烈的反抗心理或者激烈的情绪反应，反而需要更长的时间让他们平静下来准备入睡。如果孩子在睡前一小时内剧烈运动，过度兴奋，或因被训斥而伤心哭泣，他也会久久难以平静而影响入睡。此外，睡前不能给孩子看电视，电子屏幕对大脑的刺激会影响孩子的睡眠质量。因此，建议全家人按时睡前关闭电视、放下手机，关掉大灯，营造舒适、安静的睡眠环境。

3. 午睡时间不要太长

如果孩子偶尔晚上不愿意睡觉，就该考虑是不是午睡时间过长。2岁以下的孩子，一般每天可以睡两小觉作为补充；2岁以上的孩子建议白天只睡一觉。适当限制孩子下午尤其是傍晚的睡觉时间，尽量不要让孩子在下午5点以后小憩，否则孩子晚上会无法入睡。根据美国睡眠医学学会（AASM）睡眠指南，0 ~ 18岁孩子最佳健康的睡眠时间（以一天24小时计算）如下：

年龄	推荐睡眠时间	不推荐睡眠时间
0 ~ 3个月	14 ~ 17小时	不足11小时，超过19小时
4 ~ 12个月	12 ~ 16小时	不足10小时，超过18小时
1 ~ 2岁	11 ~ 14小时	不足9小时，超过16小时
3 ~ 5岁	10 ~ 13小时	不足8小时，超过14小时
6 ~ 12岁	9 ~ 12小时	不足7小时，超过12小时
13 ~ 18岁	8 ~ 10小时	不足7小时，超过11小时

4. 让孩子感到安全

如果孩子对熄灯睡觉感到害怕，您可以先在孩子的床上讲故事，准备睡觉了再打开台灯或者小夜灯，然后等孩子睡着了再关灯。您可以事先和孩子商量可以开什么灯准备入睡，但是必须有“睡前关（大）灯”的动作。这样做可以帮助孩子建立起“关灯睡觉”的习惯。此外，不能让孩子看恐怖的电视节目、电影和玩电脑游戏，这会让孩子因害怕而无法入睡。

5. 使用就寝时间表

和孩子一起制订一个就寝时间表，帮助孩子列出睡前步骤并说明为什么。就寝时间表可以让孩子直观地看到下一步需要做什么。这样做既可以让孩子对睡觉这件事有心理预期，又可以帮助孩子选择适宜的睡前活动。例如，如果孩子睡前想要看电视，可以明确地告诉孩子，这一活动不在我们商量好的就寝时间表上。

6. 设计舒适的卧室

您可以和孩子一起布置卧室，比如，和孩子商量窗帘、床的图案等，让孩子觉得卧室是一个属于自己的休息空间。您还可以选择一盏孩子喜欢的小夜灯，或者安装一个天花板投影仪，睡前投放孩子喜欢的图片，帮助孩子放松身心，安静下来。过热或过冷会导致孩子无法入睡或者夜醒，因此，睡前要调节一个孩子觉得适宜的温度。

7. 在正确时间进餐，并且吃适量的食物

太早或太晚吃晚餐，会让孩子睡前感到饥饿或过饱，导致其难以入睡。一般建议孩子睡前 2 ~ 3 小时不进食，尤其不能吃糖。

8. 睡前不吃含咖啡因的食物

相信您不会让孩子在睡前喝咖啡，但是咖啡因可能藏在很多想不到的食物中。苏打水、奶茶、巧克力和某些坚果都可能是咖啡因的来源。尽量不要让孩子摄入咖啡因，如果某些含有咖啡因的食物无法避免，就应该在早上或上午食用，而不能在睡前。

9. 亲子阅读帮助孩子养成睡眠习惯

可以和孩子一起读一读有关睡觉的绘本，例如，《等一等再睡觉》《不睡觉世界冠军》《睡觉去，小怪物！》《第一次自己睡觉》《再过 10 分钟就睡觉》等等。通过亲子阅读，孩子学习如何让自己的身体处于休息状态，了解睡眠的重要性，有助于养成良好的睡眠习惯。

温馨小贴示

如果采取了以上措施，孩子的睡眠情况仍然没有改善，或者出现夜惊、磨牙、抽动等睡眠问题，您应尽早带孩子去看医生。

第四章

情绪问题

4

31 孩子依恋某一物品，怎么办？

为什么？

孩子依恋某一物品是一种普遍的现象。从 1 岁到 7 岁，甚至更大的孩子或多或少都有这种行为。不管是毛茸茸的毛毯，还是耳朵都没了的玩具小狗，就像是已经粘在孩子身上一样，他们不愿意把它留在家里，就连脏了都不让洗。

心理学家唐纳德·温科特（Donald Winicott）将孩子依恋的这些物品统称为“过渡物”（transitional objects），因为它们帮助孩子在情感上从依赖过渡到独立。我们通常称之为“依恋物”。很多孩子在他们 1 岁之前就会喜欢上一个特定的依恋物，通常是毯子、填充动物或拇指。到 2 岁左右，这种喜爱更为强烈，有的孩子无论到哪里都要带着依恋物。这是因为当孩子真正开始探索世界、变得更加独立的时候，依恋物为他们提供了安全感。依恋物起作用，部分原因是它们让人感觉很好。这些物品通常都很柔软、可爱，摸起来很舒服。另外一部分原因是它们能帮助孩子克服童年的恐惧，比如对黑暗、陌生人、陌生环境、狗的恐惧感等。当孩子感到害怕或者无助时，依恋物可以给他们很好的心理安慰。[1]也许

1 吴艳（2014）. 幼儿恋物行为现象的剖析与对策 . 山西教育（教学），（1）：56–57.

是依恋物上有爸爸妈妈的气味，或者让他们想起自己房间里的舒适和安全，这让他们觉得一切都会好的。

不用担心您的孩子会带着他的毯子去读大学。在 1 岁到 7 岁之间的某个时候，虽然有些孩子在压力大、无聊或者睡前还需要抓一抓、闻一闻，但大多数孩子都准备好告别他们“心爱的毯子”了。孩子的这种对物体的依恋是非常正常的，因此大多数情况下您都不必过于担心。但是，如果您的孩子总是抱着依恋物，而不是玩玩具，在外面跑来跑去或者跟其他孩子一起疯玩时也不放下，这种情况便需要引起您的注意。在这种情况下，您需要考虑是否有潜在的原因，比如父母争吵给孩子带来了压力，上幼儿园适应新环境感到焦虑，等等。

怎么办？

1. 不能取笑，也不强求放弃

千万不要取笑孩子对依恋物的喜爱，也不要强求他放弃。对于孩子而言，他的“依恋物”是具有独特价值的。强求孩子放弃，只会让他更加缺乏安全感。

2. 在孩子允许的前提下设置限制

有的时候，孩子带着依恋物出门会非常不便。这个时候，您可以跟孩子沟通，告知带着“被被”出门会弄脏的。如果孩子坚持携带，可以让他带着，但是要提出必要的条件，比如“走路时要专心，不能玩它”，“可以在房子里随身携带，但不能带到游泳池”或者“它可以一起坐汽车，但不能一起逛商场”等等。

我才不要给你我的娃娃呢

3. 寻求孩子的建议

您可以让孩子在家里找一个特别的地方给依恋物安家，这样他在外面玩的时候，就会知道他的依恋物很安全；或者建议他在去上幼儿园之前把它扣在婴儿车或者汽车座位上。您还可以和孩子一起讨论关于依恋物的注意事项，比如“你介不介意清洗它”“别人可以碰它吗”等等。

4. 如果可能的话，买一个复制品

当原物“擅离职守”的时候，您可以把复制品取出来。这样做可以避免依恋物被洗了或者找不到的时候孩子“崩溃”。

5. 让孩子忙起来

如果孩子有很多有趣的事情要做，比如做手工、拼图、玩沙、玩水，他就没那么多时间想着他的依恋物了。

6. 自己的事由自己做

您应该让孩子去做自己能做的事，比如自己吃饭、穿脱衣物等。凡是孩子能够自己做的，就让孩子自己去做，不会的时候就不断地教、练习。这样，随着孩子独立生活能力的增强，孩子可以感受到自己的力量，找到“掌控生活”的感觉。这种掌控感可以帮助孩子逐渐摆脱对依恋物的依赖。

7. 给予高质量的陪伴，多带孩子外出

植物园、公园、游乐场、陶艺室等都是不错的选择。可以约上几个小伙伴一起外出，创造与同伴一起玩耍的机会。如果没有同伴，爸爸妈妈可以和孩子一起玩蹦床、在公园骑车等等。有了丰富的社交生活和父母的陪伴，孩子会感到充实且有安全感，从而减少对依恋物的依赖。

32 家里添了弟弟妹妹，老大情绪变化大，怎么办？

为什么？

随着国家政策的放宽，越来越多的家庭育有多个孩子。面对新增加的家庭成员，老大（最大的孩子）可能会有各种各样的情绪：有的感到兴奋、开心；有的感到失落、嫉妒；有的感到既开心又失落；有的还可能表现出一些小宝宝的行为，如吮吸手指、用奶瓶喝奶、尿裤子等来吸引大人的注意力。

当弟弟妹妹降生后，老大看到平时围绕着自己转的大人们的注意力都转移到了一个看似更重要的新的小人上。爷爷奶奶、外公外婆、叔叔阿姨的亲亲抱抱都变成了弟弟妹妹的专属，送来的礼物也都是给弟弟妹妹的。爸爸妈妈还会因为照顾年幼的弟弟妹妹而忽略了老大，对老大的求关注行为表现出不耐烦，或者要求老大谦让弟弟妹妹。家人对老大的不理解，老大心理发展不成熟、自我中心性等因素，导致老大在行为情绪上出现一系列的异常，如易怒、哭闹，甚至有攻击性行为。弟弟妹妹的出生，可能让老大觉得爸爸妈妈不爱自己了，是弟弟妹妹抢夺了属于自己的爱，总的来说，这是一种缺乏安全感的表现。儿童只有在充满爱的环境中才能与父母建立起安全的依恋关系，而这种关系是儿童探索外在世界的“安全基地”。[1]但是，如果父母处理不当，弟弟妹妹的出生就会被视为“安全的威胁”。可想而知，当另一个新生命来到家里，老大要面临很多心理上、情绪上的调整，来接受另外一个孩子跟自己分享父母、家庭的关注和爱。

怎么办？

1. 提前告知，让老大有心理准备

妈妈在怀孕期间，就可以通过绘本故事、聊天等形式，让老大有心理准备；可以让老大听听胎动，分享B超报告等，这样他能够意识到，弟弟或妹妹即将降临；还可以通过百科全书，一起看视频等让他了解婴儿是如何成长的，例如，“小婴儿经常会饿、拉臭臭。他还不懂说话，只会哭，所以需要更多的时间去照料”，又比如，“小宝宝刚出生的时候，不会说话，也不会走路，所以没有办法陪你玩。等他长大一些后就可以跟着你到处玩了”。这些信息可以帮助老大理解弟弟妹妹出生后给家里带来的巨大变化。

2. 接纳老大的情感变化

随着小婴儿出生，老大因“抢夺爱”可能会表达一些负面情绪，甚至会用身体攻击向小宝宝表达愤怒。当老大出现这些情绪的时候，父母不要责骂，要明确地、严肃地告诉老大，不可以伤害小宝宝。但是，父母要接纳老大的情感变化，可以帮助他用语言表达出来，例如：“你希望没有小宝宝就好了，是吗？小宝宝来了，妈妈就没时间陪你玩了。我知道你难过。”接纳老大的情绪，可以帮助他调整心态，更快地适应家里多了弟弟或妹妹的新生活。同时，父母也要注意平时的用语，

1 邹林（2015）. 老大怎么了？——家庭中老二出生对老大社会性发展的影响及对策分析 . 四川师范大学硕士学位论文 .

妈妈生了弟弟，我很高兴，我会帮忙照顾弟弟，哄弟弟

尽量避免让老大觉得是弟弟或妹妹让父母没办法关注自己。例如，“妈妈不能陪你玩，要照顾弟弟”可以改成“你等妈妈三分钟，我马上就过去帮助你”。

3. 利用绘本故事等方式帮助老大建立角色意识

在弟弟妹妹没有出生前，经常与老大谈论他（她）即将成为哥哥（姐姐）角色。利用绘本、“过家家”游戏、动画片把孩子成长中遇到的问题展示出来，如“卡梅拉系列”、“小兔汤姆系列”、《我是大哥哥》等。这样做会让老大觉得有弟弟妹妹是一件美好的事情，理解哥哥姐姐的角色并具备责任感，从而坦然接受家庭中弟弟妹妹的出生。在日常生活中，您可以有意识地分配任务给老大，请他一起参与照顾弟弟妹妹的活动。例如，帮助弟弟妹妹洗澡、帮忙挑选玩具等等。被需要的感觉有助于孩子享受“我是老大”的角色，每次老大给予帮助时，您都要对他（她）大加赞赏，把老大是好哥哥（姐姐）的信念建立起来。“谢谢你帮忙挑选玩具。哥哥（姐姐）挑选的玩具真是不一样，弟弟（妹妹）特别喜欢。”

4. 帮助老大练习照顾婴儿

可以带老大去拜访一个有新生婴儿的家庭，向他说明小宝宝很脆弱，需要每个人的温柔对待，还可以向他展示如何安全、轻柔地抱小宝宝。可以在家给老大准备一个玩具婴儿，让他练习照料，如给弟弟妹妹喂水喂饭，穿尿不湿等。在婴儿出生后，每天让老大与婴儿有互动时间，可以是聊天、触摸、玩游戏等，妈妈要向老大表明婴儿对他的喜欢：“妹妹抓你了，她很喜欢你。你看，她笑了。”

5. 强调只有老大才能做的有趣的事情

有的老大为了吸引父母注意，会出现一些退缩行为，比如尿裤子、吮吸拇指等。父母不要强调这些行为，可以尝试谈论只有老大才可以做的事情，例如“大男孩可以吃冰激凌，但是弟弟不能吃”或者“姐姐大了就可以自己出去玩了，但是妹妹不可以”。这样做可以强化老大的独特之处，意识到有自己的优势和特点，而不需要和弟弟妹妹去竞争“谁更可爱”。

6. 表达爱意，安排与老大的独处时间

父母每天应与老大至少有 15 分钟的高质量的陪伴。这种陪伴最好是一对一的全身心的陪伴，比如，共读一本书，或者玩一个游戏，而不能是一边看手机一边抱着孩子。除此之外，父母还可以用语言、拥抱等多种方式来告诉老大大家非常爱他 / 她。随着弟弟妹妹逐渐长大，单独陪伴老大的时间应该更长。只有当老大有足够的安全感和感觉到

爱，他/她才能成为更好的哥哥或者姐姐。

7. 保证老大的日常惯例

虽然新生婴儿的出生让一家人都会忙碌起来，但尽量保证老大的常规活动，例如坚持周末带老大去公园或者吃过晚饭在小区楼下玩等等。这样做有助于老大减轻焦虑，不会让他觉得自己被大家忽略。

8. 让爸爸参与其中

我们一直强调爸爸育儿的重要性，特别是弟弟妹妹出生后，妈妈需要花更多的时间陪伴小宝宝。老大肯定会感到失落，此时爸爸需要给予老大更多的耐心和陪伴。爸爸可以带老大去公园郊游、蹦床公园等孩子喜欢去玩的地方，这些陪伴胜过言语，能够让老大感受到爱。当然可以根据孩子的情感需要灵活处理，当老大黏着妈妈时，爸爸可以照顾新生儿，为其洗澡、换尿不湿。

33 孩子总爱发脾气，怎么办？

为什么？

孩子动不动就发脾气的情况通常在1岁左右出现，并且会持续到3至4岁。有时候是因为不能再吃冰激凌，有时候是因为冬天不能去沙滩玩，还有的时候仅仅是因为想要红色物品却只有蓝色。孩子常常像一座小火山似的，情绪会突然爆发，每当这时，您是不是会感到挫败又沮丧？

首先，对情绪的调节与控制能力不是与生俱来的，而是需要经过后天习得的。认识什么是情绪，有哪些情绪，如何用合适的、不伤害他人的方式表达情绪等等，是孩子在幼儿园阶段的重要任务。我们成人不会像孩子一样在疲惫、饥饿时疯狂地大喊大叫，但您或许见过某些大人在生气时大喊大叫甚至砸东西，这都是不能控制自己的愤怒或其他负面情绪导致的。因此，不论是生气的大人，还是发脾气的孩子，都需要学习情绪控制与调节的技巧，发展情绪智能。

其次，孩子年幼，语言表达能力、对周围环境的控制能力尚在发展之中。孩子为某件事感到生气时，可能会因为不知如何表达而满地打滚；也可能心里想着“我想要，给我吧”，却发现大人不给，而自己没有其他办法改变这一点，挫败感剧增，顿时声泪俱下。这样的处境，的确让人抓狂。不论是对成人还是孩子来说，学习情绪的控制与调节都是一项艰巨的任务。

再次，每个孩子都是不一样的。我们的基因、孩子天生的气质、发育的成熟程度，以及依恋水平都会影响他们的情绪调节能力。[1]如果孩子正处于幼儿园托小班或中班的年纪，情绪崩溃是这个时期很正常的一件事。而对于1～2岁的孩子来说，他们多半是由于没有得到想要的东西而发脾气，以此表达自己的需求，如喝牛奶、玩玩具、换尿不湿等；到了3～4岁时，孩子发脾气也会出于一种权力斗争，由于自主性增强，他们能敏锐地意识到并渴望坚持自己的需求和愿望，您若不服从，他们便会发脾气；当孩子到5～6岁，他们终于可以用语言告诉您自己的需要，但并不意味着他们不再发脾气，他们仍需要学习如何处理自己的情绪，任何一个小的分歧都有可能引发一场战斗。

我很生气

最后，不正确的家庭教养方式也有可能“养成”孩子的坏脾气。例如，打骂孩子，威胁、恐吓孩子，或者孩子发脾气时妥协等，这些都无益于孩子认识自己的愤怒，以及学习如何处理心中的怒火。

1 玛乔丽·菲尔茨，帕特里夏·梅里特，德博拉·菲尔茨（2019）.0—8岁儿童纪律教育指南：给教师和家长的心理学建议（第7版）.蔡菡，译.北京：中国轻工业出版社.

大量研究表明，如果家庭情绪氛围不佳，父母婚姻出现问题，亲子互动是冲突型或权威压制型的，那么幼儿就可能出现情绪爆发甚至崩溃的危险。[1]

如此看来，孩子常常发脾气，其实是在发出寻求帮助的信号，您需要为孩子创造良好的家庭情绪环境，并教会孩子积极的情绪处理的方法。

怎么办？

1. 保持冷静

当孩子有负面情绪时，不要打骂、威胁孩子，更不要与孩子争论，这样做只会加剧矛盾，也会让孩子极度缺乏安全感，影响亲子感情。先保持自己的情绪稳定，再帮助孩子处理问题。您可以说："我现在太生气了，我需要冷静一下，等一会儿再跟你说。"这样既避免了正面冲突，又示范了正确的情绪表达方式。

2. 立即处理攻击性行为

如果孩子在发脾气时出现打人、咬人、踢人等攻击性行为，您应该立即制止他。如果孩子和他人抢玩具，您需要立刻把玩具拿在手里，孩子若不松手，您可以说，"我帮你们保管，现在谁都不拿这个玩具"，并一直重复这句话，直到孩子松手。这一做法的好处是，玩具是导火线，灭了"导火线"便可以阻止"引爆"。如果这时孩子或另外一方情绪激动，出现踢人、打人、咬人等情况，您需要立刻把双方拉开，并明确地告诉孩子生气是可以的，但伤害他人是不允许的，可以用温和而坚定的语气说："不可以打人，打人会让人受伤。"如果孩子没有与人起冲突，而是自己发脾气，您可以要求孩子暂停目前的活动，对他说"你现在非常激动，

1　杰克·肖可夫，黛博拉·菲利普斯（2007）．从神经细胞到社会成员：儿童早期发展的科学．方俊明，李伟亚，译．南京：南京师范大学出版社．

你需要冷静一下”，然后把孩子带到沙发或较为安静的角落休息。

3. 转移阵地

当孩子在公众场合发脾气时，果断地把他带到另一个安全的地方，如商场外面，您的车里或某个小角落，明确您的立场——“不可以这样做”，解释原因并给予孩子安慰，等他平静下来后再继续活动。这样做的目的是让您避开大家的“目光”，更好地和孩子沟通，同时也让孩子觉得自己的尊严受到了维护。[1]

4. 平息孩子的怒气

孩子有情绪时最需要的是被理解和被接纳，例如“我知道你现在很生气，你哭得很伤心”，“如果我想吃冰激凌却不能吃，我也会觉得非常难过”。承认孩子的感受，表达你的理解、同情，是让孩子平静下来的最快方式。如果你在孩子情绪不稳定时使劲儿批评教育他，“你哭，还哭，不都是为了你”，孩子只会更加激动。有的家长还会用恐吓的方式试图平息孩子的负面情绪，如“还哭，你给我停！”这种做法对孩子的成长百害而无一利，孩子要么会情绪崩溃，要么会迫于家长的威胁而压抑情绪，但压抑情绪反而会让情绪更强烈，一旦情绪爆发，后果将不堪设想。健康的情绪处理方式，应该是接纳情绪，用不伤害他人和自己的方式表达情绪。您可以说：“每个人生气的时候都可能会哭，哭一哭会让你舒服一些。但是生气的时候不能扔东西，因为会伤到别人。”您应该告知孩子：我们可以接纳情绪，但要控制情绪表达的行为。

5. 询问发脾气的原因

等到孩子情绪平稳下来，询问他有什么需要，认真聆听孩子的问题，

1　金伯莉・布雷恩（2021）. 你就是孩子最好的玩具：樊登导读 . 夏欣茁，译 . 海口：南方出版社，P99.

给他充分的时间表达。这是帮助他解决问题的前提。如果您一开口就是“好好想想，你刚才做错什么了”，孩子是不会愿意配合的。试想，如果有人这样对你说话，你是不是也会气得一声不吭？因此，先听听孩子的心声，这会让他打开心扉，诚恳地接纳您接下来给出的意见。

6. 对症下药

当然，每个孩子发脾气的原因不尽相同，您可以根据具体情况，选择不同的处理方式。若孩子在累了或饿了时容易发脾气，那就需要让他养成小睡一下或下午吃点点心的习惯；若孩子是为了获得注意发脾气，那么减少这种行为的最好方式是忽略它；如果孩子是为了得到某样东西而发脾气，那就用一个原则——温柔坚定地说“不”，生气、难过都是可以接受的，值得同情的，但您给出的回应只有一个——“不可以”。尽管孩子一听到“不”可能会崩溃，但是您也决不能妥协，只要妥协一次，以后就“永无宁日”。这么做是在告诉孩子，用这样的方式并不能得到你想要的东西。同时，您可以教孩子什么是得到东西的正确方式，例如，有礼貌地询问，帮忙做家务积分换礼物等。

7. 强化积极的行为和好的选择

当孩子冷静下来，愿意与您平静沟通时，不要吝啬您的夸赞。“你刚刚没有在商场里尖叫，做得很棒”等等，这些具体的描述能让孩子了解您对他的行为期待。当孩子表现出符合您要求的行为时，就立刻给予肯定，在这种情况下若孩子提出了合理的需求，您也可以尽量满足他的愿望。这是在告诉他，良好的行为和友善的沟通方式能让你得到自己想要的。在孩子逐渐掌握这一技巧后，便可以逐渐减少奖励的频次。

8. 保持饮食和睡眠规律

有些发脾气的诱因是可预防的。您需要保证孩子拥有规律的吃饭、午睡及就寝时间，建立对一天中不同时间的预期感，增强孩子对自己生活的控制感。当一日安排有变化时，要提前告知孩子，让他有心理预期。若孩子总是心情愉快，他发脾气的次数便会减少。

9. 提供选择的机会

您可以让孩子参与生活中的一些决定，例如，“明天早上你想喝牛奶还是豆浆”“你想在洗澡前还是洗澡后刷牙”，增强他对生活的可控感。但需要注意的是，您提供的选项必须是您可以接受的，避免孩子选择后您却不同意他的选择。

10. 设立明确的规则

您要让孩子清楚在家或外出的规则，给他一定的限制，如“不能爬到柜子上面”“开车出门时要坐安全座椅”等等。如果孩子一到商场就要这要那，您可以在出门前跟孩子说好，“今天只可以买一样东西”等等，一定要注意的是，务必在到达预定地点前就做好约定，并严格遵守这些规则，不要有例外。

11. 保持合理的期望

您不要总是期待孩子是完美的，或对孩子提出超越他能力范围的要求。在确定期望值时，问问孩子是否明白您的要求，若他感到茫然无措，您的期待便需要进行调整，别让巨大的心理压力影响孩子的情绪与行为控制。

温馨小贴示

如果您使用了以上多种策略，孩子在 4 岁之后依然常常大发脾气，且情况越来越糟，您就需要及时带孩子去看医生。情绪障碍、孤独症或其他疾病都有可能让孩子出现经常性的情绪崩溃。

34 孩子总是很害羞，怎么办？

为什么？

每个孩子害羞的表现不一样，其害羞程度也不一样。有的孩子渴望与同龄人一起玩，但是害羞使他们退缩。即使在熟悉的环境下，他们经常还是独自玩耍，或者只是远远地看着其他小朋友玩而不敢加入。有的孩子很少主动说话，即使开口说话，声音也很小。进入社交场合他们通常不仅需要较长时间预热，还需要多次社交接触才能适应新的情况。还有的孩子很难应付日常情况，例如交朋友、在课堂上与他人互动、参加课外活动，甚至向朋友、老师提出简单的要求都非常困难。

孩子为什么会害羞呢？其实在所有儿童的整个成长过程中都可能出现不同程度的害羞情绪。3 岁之前的孩子，多少都是有些害羞的，这时候的害羞主要是出于对陌生人或者陌生的情景感到焦虑或者恐惧。这是他们踏入社会的第一步。这种对“陌生”的恐惧是正常的，在很多情况下能够保护他们，也会随着孩子年龄的增长和对环境的熟悉而减弱甚至消失。[1]在孩子三四岁的时候，开始出现自我意识羞怯，也就是说会因为他人的评价或某种社交窘境而感到羞怯。在这个年龄段，孩子害羞的原因有很多。有可能是孩子先天的气质比较内敛害羞，也

1 Berk，L.E.（2010）. *Infants and Children: Prenatal through Middle Childhood (7th ed)*. Pearson Education Inc. Boston.

可能与父母的教养方式有关。如果抚养人对孩子过度保护或者对孩子批评指责过多、限制过多，就可能让孩子因缺乏自信而退缩。有些害羞的孩子因此陷入了一个恶性循环，因为从小较少接触他人、缺乏社会交往经验，所以不敢与其他孩子交往。这样又造成了进一步的社交技能匮乏。

因此，如果孩子在进入幼儿园一段时间后依然表现出对同伴、社交的恐惧、退缩，家长应予以重视。研究表明，如果孩子在幼儿园阶段表现出对社交的焦虑、退缩、羞怯等行为，这些表现将会延续到小学，并且给孩子在小学甚至成年后的社交带来困难。[1]

一个小朋友很害羞，不敢和其他小朋友玩

1 Rubin, K. H., Bowker, J. W. & Gazelle, H. （2010）. Social Withdrawal in Childhood and Adolescence: Peer Relationships and Social Competence. In K.H. Rubin & R. Coplan（Eds.）, *The Development of Shyness and Social Withdrawal* （p. 131–156）. Guilford.

怎么办?

1. 不要给孩子贴上“害羞”的标签

害羞是幼儿发展过程中的正常现象。不管是孩子还是成人，都会有羞怯的时候。只有当这种“羞怯”影响孩子的社会交往和日常生活时才需要干预。因此，当孩子出现害羞行为时，父母不要马上就给孩子贴上“害羞”的标签。您可以使用不包含“害羞”一词的方式描述孩子的行为。例如，您可以说，“他需要一些时间来适应新的情况”或“他喜欢在加入之前观察周围发生的事情”等等。此外，父母应注意给孩子提供宽松的社交氛围，避免将孩子带入“不好意思”的情境。例如，在生活中，有些父母在没有和孩子商量的情况下，强迫孩子向陌生人问好，或在孩子不认识的众人面前表演，这样做无疑容易让孩子在类似的社交场景中手足无措，因而十分抗拒。如果提前与孩子沟通，例如“一会儿有叔叔阿姨来，你唱歌唱得好，你愿意给大家表演吗”，这样既让孩子有心理准备，又可以让孩子自由选择。

2. 了解孩子“害羞”的原因

观察孩子在什么情况下会表现出害羞行为。如果孩子年龄稍大些，就可以直接问孩子，了解他们的想法和感受。家长需要注意的是在这个过程中不要评判或者嘲笑他。害羞的孩子通常非常需要认同和肯定，如果您说，“这有什么好怕的呢”，那么无疑是对他的感受的一种否定。害羞的孩子尤其需要被理解和被接受，当孩子感到被认同的时候，会更加愿意向您倾诉。了解到原因后，家长可以跟孩子沟通，帮助孩子建立信心。例如，有的孩子认为一次、两次被同伴拒绝是因为其他孩子不喜欢自己，或者认为因为自己做得不好，不是好孩子，所以别人才会拒绝。[1]在这种情况下，家长了解了原因就可以有针对性地指导孩子改变加入同伴游戏的方式，而不是因为害怕被拒绝就不再尝试。

3. 家园沟通，练习社交技巧，示范自信的交往方式

害羞的孩子往往因缺乏社交技巧而很难踏出交往的第一步。这种孩子往往在班级交往当中表现出“胆怯”，不知道怎样主动去加入其他孩子的游戏。遇到与其他孩子的矛盾或者纠纷，会因感到害怕而退缩。如果您的孩子有这些情绪及社交表现，您应予以重视。如果孩子这种社交焦虑和行为表现持续且得不到改善，那么他在进入小学之后更有可能被同伴拒绝而陷入孤立[2]。因此，父母应首先跟老师积极沟通，共同制定策略，帮助孩子发展社交技能。与此同时，父母在家可以和孩子一起通过游戏练习社交技能，例如，如何加入其他孩子的游戏，如何解决与同伴的矛盾等等。手偶表演是一种很好的示范社交技能的方式，“小狮子（手偶）很想加入其他小动物的游戏，可是它很害怕。如果它们不想和它一起玩怎么办？”然后，把孩子需要的社交技能融合在游戏当中。值得注意的是，这种练习最为重要的是孩子不仅需要知道如何做，还需要真实地练习、使用这些技能。

4. 提供更多和同伴一起玩的机会

害羞的孩子通常比较缺乏同伴交往的技巧，而让孩子获得这些技能最好的方式就是跟其他孩子一起多玩。可以先从孩子比较喜欢的同班同学开始，固定每周约一个朋友一起玩。一次约一个孩子比较合适，孩子太多会让害羞的孩子感到紧张。玩的时候最好选择自由的活动，例

1　杰克·肖可夫，黛博拉·菲利普斯（2007）. 从神经细胞到社会成员：儿童早期发展的科学 . 方俊明，李伟亚，译 . 南京：南京师范大学出版社 .

2　徐晶，郭强，陈英敏，等（2013）. 儿童羞怯及其干预研究析评 . 中国特殊教育，（5）：67–71.

如在公园，在某个孩子家里，或者其他孩子们可以自由玩的空间和场所。这样做的好处是让两个孩子在一起有互动的机会。两个孩子如果只是一起上兴趣班，就没有互动时间，这并不能很好地支持两人之间的交往。

5. 给予更多的耐心和关心

害羞的孩子一般需要更长的时间去适应新的环境。家长了解到这一点，在入园前应该积极地跟老师沟通，让老师有所准备，给予孩子更多的关注和耐心，以便在孩子入园时就建立良好的师幼关系。同样，父母也需要有心理准备。如果孩子总是非常腼腆，不论如何鼓励都收效甚微，家长就应积极地想办法帮助孩子应对陌生的社交情境，而不是一味地责备孩子“不争气”。

6. 建立孩子的自信心

一般而言，对自己感觉良好的孩子不会太害羞。家长应发掘孩子的长处，扬长避短。例如，他擅长画画吗？他爱运动吗？鼓励这些技能可以让孩子觉得自己是有才干、有能力的人。这种自信可以帮助他在社交场合变得勇敢。

7. 赞扬外向、主动交友的行为

当孩子对他人表现出友好，尝试新事物，或者主动跟其他孩子玩游戏，您应当及时肯定孩子的外向行为。例如，“我看到你今天在公园跟另外一个小朋友一起玩了。你们在一起玩得好开心啊。你是怎么和他成为朋友的？”

8. 使用绘本引导孩子克服害羞

您可以跟孩子一起阅读有关克服害羞的绘本故事，可以帮助他理解什么是害羞，害羞会给自己的生活带来什么影响，以及有哪些方法可以帮助自己克服羞怯的心理，例如《我要更勇敢》《凯能行！》等。

9. 调整自己的养育方式以适应孩子

害羞有可能是由孩子先天气质决定的。如果您有两个孩子，可能会有一个孩子害羞焦虑，而另一个活泼外向，所以家长要调整好自己的心态和养育方式，来适应不同孩子的需求。家长无意识地对比，或者对害羞的孩子的否认只会加剧孩子的羞怯心理，使其表现得更为退缩。

10. 给孩子挑选合适的幼儿园

研究表明，如果孩子能够和老师建立起亲密的、信任的关系，那么孩子的退缩行为会降低。[1]但是，如果孩子长期处在消极的班级氛围里，例如，和老师冲突不断，害羞的孩子会在适应幼儿园的过程中面临更多的挑战。因此，挑选合适的幼儿园，以及温暖的幼儿园老师，对孩子克服羞怯心理，获得同伴的认可和友谊，是十分有帮助的。

---

1 武云鹏，陈英敏，于洋，等（2014）. 羞怯学前儿童幼儿园不适的探讨及应对策略 . 中国儿童保健杂志，22（2）：164–166，221.

35 孩子在妈妈面前更任性，怎么办？

为什么？

很多妈妈有过这样的经历：孩子本来好好吃饭的，妈妈一回来，就要妈妈喂；早上急着上班，孩子却一定要妈妈送去上学……家里人也会抱怨说：“你还不如不在家呢，你一在家就不听话。”老师也会反馈：“孩子在幼儿园的表现很好。”妈妈开始会有点不相信，但是老师发送的视频、照片简直让老母亲“刷新三观”。很多妈妈也因此烦恼不已：是不是自己的教养方式有问题？真的把孩子惯坏了？老师有没有在说谎？孩子在幼儿园真的表现好吗？

很多孩子曾有过这种“双面”表现，尤其是在上幼儿园以后。随着孩子逐渐长大，开始理解来自成人和周围环境对自己的要求和期待。在幼儿园，孩子需要遵守许多规则，他们也会尽力表现得很好。孩子努力遵守集体规则带来的压力，需要在一个依恋者那里释放。孩子把妈妈视为安全的基地，认为妈妈可以为他们提供理解、支持和无条件的爱，可以帮助他们克服各种强烈情绪和挫折。

孩子在妈妈面前更任性，这表明他们需要妈妈的爱和支持。孩子任性是一种心理需求的表现。[1]随着他的运动能力、认知能力的发展，他

1 陈永前（2000）. 孩子任性是一种心理需求的表现 . 家庭 · 育儿，（4）：33–34.

会逐渐意识到自己和妈妈不是一体的，开始理解自己和妈妈可以分离生活，也会更渴望到外面去探索更大的世界。在这种矛盾的心理状态下，孩子会更容易脆弱、敏感，一遇到挫折也会更迫切地想返回妈妈的怀抱，对妈妈的依赖性大大增加。因此，当孩子在妈妈面前表现出糟糕的行为时，您对孩子“加强管束”，其效果只会适得其反，您应该更温和，了解“任性”背后的情感、心理和发展需求，帮助孩子顺利度过这个阶段。

怎么办？

1. 给予高质量的陪伴

高质量的亲子陪伴可以增强妈妈与孩子之间的情感联结。这种联结就好比安全基地，只有“基地”是安全的，孩子才能更好地探索世界。但是，不是所有的陪伴都是高质量的。如果让孩子在旁边玩，您在旁边玩手机，那么，这种陪伴是低质量的。高质量的陪伴通常有高的“卷入度”，意思是您在多大程度上和孩子一起在游戏、活动或者玩耍。这种陪伴就像在孩子心中建立了一个情感账户一样，每一次的高质量陪伴，都在向这个账户里存款。当存款够多，也就意味着孩子真正感受到您的爱，那他对您“爱的主动索求”，就会减少。

2. 每天向孩子表达爱意

通过行动来告诉孩子您有多爱他，比如留出时间和孩子共进晚餐，睡前和孩子谈论一天的生活，每天拥抱孩子，写一张便条，告诉他“我很幸运能成为你的妈妈”。周末您放下工作，跟孩子一起做有趣的事情；和孩子说话时，全神贯注，让孩子知道您很关心他的想法；妈妈下班回家，见到一天没有见到的孩子，主动抱抱他，说“我今天上班的时候好想你啊”；等等。这些充满爱意的小事情，会对您和孩子的关系产生很大影响。

3. 温柔地坚持原则

给任性的孩子更多的爱和关注并不是说毫无原则地包容孩子，降低对孩子的要求。面对孩子无理的任性行为时，妈妈需要坚持原则，但是请注意：尊重孩子和管教孩子一样重要。即使孩子做了一些需要管教的事情，您也可以以平静且充满爱心的方式与他交谈。大喊大叫或使用体罚不仅效果较差，还会破坏您和孩子的亲子关系。以尊重和礼貌对待彼此，不仅会让你们关系更亲近，还会让家成为一个更温暖的地方。

4. 理解和共情，不要粗暴地推开孩子

看着孩子一直“淘气”，各种哄劝都无效，妈妈的“小宇宙”可能要爆发了。急躁地打骂孩子，甚至说出“再哭我就不要你了”等伤害性的语言，这不仅不能有效地改变孩子的行为，还会影响到孩子对您的信任。孩子出现任性行为，很多时候是在渴求成人的关注和陪伴，因此妈妈要站在孩子的角度去理解他的需求。通常来说，当孩子听到自己的感受被认可，他会更容易平静下来。越是用粗暴的方式对待孩子的任性行为，就越有可能让孩子的行为更糟糕。这主要是因为，当孩子情绪激动的时候，其实也是最需要成人帮助的时候，这时候推开他，无异于雪上加霜。当然，妈妈也是有情绪的。实在气急了，您可以告诉孩子：“我现在特别生气，我需要一个人冷静一会儿。等我冷静了再来找你。”然后，暂时离开让您生气的情境或者人，等平静之后您再找孩子谈话，共同解决问题。

5. 了解任性行为的原因

孩子出现任性行为，您可以采用“先处理情绪，再处理行为”的办法。孩子情绪稳定后，和他谈谈刚才发生的事情。例如，孩子看见别的小朋友玩玩具车，回家后就哭闹着想要买一辆。父母可能认为孩子不听话，

但真实的原因可能只是孩子想和好朋友一起玩玩具车。即使妈妈认为自己最了解孩子的想法，但也应时时倾听他的想法。孩子任性的行为背后，可能有您不了解的原因。因此，出现行为问题，可以先引导他表达自己的感受和意见，然后再认可孩子的感受，帮助他解决问题，例如，“我知道你想跟好朋友一起玩，但是用你自己的小汽车一样可以跟他玩啊”。

6. 提供选择

面对孩子的任性行为，妈妈一着急就会容易发号施令，让孩子按命令去做，这样可能会引起孩子更逆反的行为。如果提供选择，孩子就会觉得自己是主人，就会更容易接受。为满足孩子自我掌控的需求，如果“回家吃饭”是没有商量余地的事情，给孩子提供合适的选择就是：“你想现在走还是5分钟后走？”

7. 肯定良好的行为

孩子用正面的方式表达需求时，妈妈要及时肯定，赞扬他的良好行为。妈妈表达得越具体，孩子会越清楚哪种行为更受欢迎。例如，“今天妈妈没有提醒你，你就自己主动去刷牙，真是太棒了。这样你就不会有蛀牙啦”。同时，当孩子出现负面行为时，妈妈要将所期待的良好行为及时告诉孩子，例如：“不刷牙会让你的牙齿生病的。以后，妈妈调好闹钟，闹钟一响你就自己去刷牙，可以吗？”

8. 转移孩子的注意力

当您真的很忙，又无暇顾及孩子时，尝试转移他的注意力。当妈妈对孩子招架不住的时候，一定要充分发挥爸爸的作用。或者，准备一点新的小贴纸或者小玩具，如果当时只有您自己，这些小玩具能成功分散孩子的注意力，帮助您顺利脱身。

36 孩子老是“吃手指”“啃指甲”，怎么办?

为什么?

孩子空闲时就将小手伸进嘴巴里，津津有味地吸吮自己的小手指。作为成人，我们都非常担心孩子经常吃手指会把细菌吃进肚子里，因此，我们反复地向孩子强调不要吃手指。可是，我们发现孩子吃手指的行为很难制止。怎么做才能让孩子不吃手指呢?

想要解决孩子吃手指的问题，首先要弄清楚孩子爱吃手指的原因。心理学家弗洛伊德的研究表明，0 到 1 岁的孩子处于口唇期阶段，他们可以从吮吸、咀嚼、咬等口唇活动中获得快乐和安全感。在这个阶段，吃手是孩子自我安抚的一种方式。有的孩子会养成习惯，在睡前或者需要被安抚的时候吃手指。这个时候，如果我们强行制止孩子吃手指的行为，孩子长大后可能会因此而缺乏安全感。[1]一般来说，随着孩子自我安抚能力的增强，他们吃手指的频率就会逐渐减少，很多孩子会在 2 到 4 岁这个阶段时自己戒除吃手指的习惯。

如果孩子 4 岁后仍热衷于吃手指或者突然之间有了吃手指或者啃指甲的习惯，那么父母应注意。我们需要仔细观察孩子是什么时候由于

---

1 Berk，L.E.（2010）. *Infants and Children: Prenatal through Middle Childhood (7th ed)*. Pearson Education Inc. Boston.

吃手指

什么原因而出现吃手指的情况的。通常来说，孩子吃手指的缘由有以下几种：感到无聊；看到别的孩子或者大人吃手指而模仿；感到紧张或者不安的时候；有深层的心理原因，例如，正经历父母离异，适应新的学校或者环境，失去亲人，受到处罚或者其他带来心理焦虑的情况等等。[1]不管是何种原因，当孩子开始出现此类行为，我们就应当对此重视，并科学地干预。这是因为吃手指的习惯比较难戒除，而吮吸手指时间过长、过猛会影响孩子的嘴形或牙齿的整齐度，从而影响面部的发育、手指的发育，也容易由于卫生问题而引发肠胃疾病。

怎么办？

1. 不要惩罚

学者曾对多项有关儿童啃咬手指的研究进行回顾和分析，得出结论——惩罚不仅不能阻止孩子吃手指，还有可能加重孩子吃手指的坏习惯。[2]这主要是因为惩罚会加重孩子的焦虑和紧张情绪，而有些孩子恰恰是通过啃咬手指来缓解这些情绪的。唠叨和提醒的效果也不尽如人意，因为孩子的啃咬行为通常是无意识的，他不知道自己在吃手指。

1 Morin, A.（2021，Oct.9）. How to Stop Children from Biting Their Nails. *Verywell Family*.

2 Ghanizadeh, A.（2011）. Nail Biting; Etiology, Consequences and Management. *Iranian Journal of Medical Science*. 36（2）: 73–79.

2. 放宽心

面对孩子吃手指，家长首先要调整自己的心态，不要过于着急地去纠正它。在孩子的恒牙开始出现以前（约6岁），大多数孩子吮吸手指不会损害牙齿的排列或颌部。如果孩子吃手指的频率不高，您可以试着等一等，有时孩子自己就会自然而然地戒除坏习惯。例如，孩子在学会说“饿了”的时候就不会因为饿了而吃手指了。您也可以观察孩子吸吮手指的程度，如果他吸得很厉害，您可以早点干预。但是，即使是干预得早，您也要做好心理准备，习惯并不是那么容易被改变的。因此，如果您注意到他的口腔或牙齿有任何变化，或者不确定孩子吮吸拇指的行为是否会引发其他健康问题，您可以去咨询专业的牙科医生。

3. 观察孩子吃手时的状态，寻找可能的原因并对症下药

● **提供代替活动或替代物。**家长留意孩子吃手指的时间并分析原因，有预见性地确定孩子最有可能吃手指的时间和地点，并尝试提供一个代替活动或替代物。例如，孩子常常在入睡前吃一会儿手指，那么可以尝试给他讲睡前故事，陪伴他入睡。如果孩子在看动画片的时候会吃手指，那么可以给他一个橡皮球握在手里玩。

● **关注孩子的心理需求。**当孩子因紧张、焦虑、不安、无聊等情绪而吃手指时，需要根据具体的原因帮助孩子表达内心的需求。如果孩子吃手指是由紧张、缺乏安全感引起的，那么与孩子共同解决那个引起他焦虑的问题，及时疏导孩子的情绪；当孩子遇到困难时会吃手，家长应及时引导、鼓励，指导孩子战胜困难、完成任务，帮助孩子建立自信；当孩子因为沮丧而吃手，帮助他用语言表达自己的感受；当孩子吃手指是因为无聊时，可以带孩子进行一些他感兴趣的活动，增加与孩子的互动。

4. 厌恶刺激

可以给孩子的手上涂抹苦瓜水，或者苦甲水/油（药店有售）。但是，这种方法有时有效，有时作用却不大。

5. 正向引导

积极肯定孩子不吃手指的行为。只要看到孩子在做某件事没有像往常一样吃手指就立刻予以肯定和鼓励。这里要注意的是，即使我们看到孩子在吃手指，也只需要轻声说话或者用手势提醒他。我们还可以跟孩子达成协定，比如一天或者几个小时不吃手指就可以得到一枚印章，集满多少印章就可以兑换奖品等等。

6. 绘本引导

对于大一些的孩子，家长可以通过与孩子阅读一些有关吃手的习惯的书籍，帮助孩子认识到吃手的坏处。例如，《我不再吃手了》《今天开始不吃手》《大拇指，真好吃！》等。

7. 鼓励孩子自我控制

对于大一些的孩子，您可以尝试让孩子自己认识到吃手指行为的后果而自我控制。

第一，您可以教育孩子吃手指是一种坏习惯，会带来不好的后果，这个时候，您可以在网上找一些指甲被吃没了的照片给孩子看，让孩子知道吃手指会影响自己的身体健康。但是，强调这种习惯是可以改变的。

第二，帮助孩子寻找吃手指的原因，了解和吃手指有关的感觉和想法，让孩子知道自己喜欢在什么时间、什么地点、做什么事情的时候吃手指。

第三，告诉孩子如何进行自我监控。例如，意识到自己在吃手指时就可以把手压在屁股下面，或者知道自己喜欢看电视的时候吃手指就在看电视时找个东西在手里玩等等。第四，帮助孩子给予自己及时的鼓励。例如，忍住没吃手就对自己说“我真棒”等等。这种方法主要是通过改变孩子的认知，以及训练孩子自我察觉、自我监督技能以达到戒除坏习惯的目的。[1]研究表明，这种方法非常有效。

8. 多给孩子“有效陪伴”

跟孩子在一起时，您应该给孩子充分的爱，积极陪伴与关注孩子。在孩子表达自己的需求时要及时回应他，多和孩子交流互动、玩游戏、读绘本故事、出门游玩等，帮助孩子与爸爸妈妈建立良好的亲子依恋关系。良好的亲子关系有利于缓解孩子的焦虑情绪。

温馨小贴示

如果采取多种措施，孩子吃手的情况仍然没有好转，并且影响孩子的身体健康，就应该及时去看医生。在某些情况下，孩子吃手是由于深层次的心理原因造成的，需要及时干预与治疗。

1 Ghanizadeh, A.（2011）. Nail Biting; Etiology, Consequences and Management. *Iranian Journal of Medical Science*. 36（2）: 73–79.

37 孩子刚上幼儿园总哭，怎么办？

为什么？

儿乎所有刚入园的孩子最初都会经历一段困难的时间。每年 9 月，在幼儿园班级门口，总能看见各种撕心裂肺的场面。有的孩子抱着妈妈的大腿，哭着不让妈妈离开；有的孩子紧紧搂着妈妈的脖子，不肯着地；尽管父母已经离开，有的孩子仍然在一天的生活中，断断续续地哭红了眼睛、哭哑了嗓子，如此情形让父母心疼不已。对于孩子来说，从熟悉的家庭环境进入陌生的集体环境，周围全都是不认识的人，而爸爸妈妈也不在身边，内心的恐惧和不安可想而知。第一次离开家庭环境，第一次长时间地离开父母独自生活，对幼儿来说，是一项重要的发展里程碑，标志着他们正在完成步入社会所必须经历的第一项挑战——分离焦虑。因焦虑不安而哭闹，是孩子自我保护的应激反应。通常来说，分离焦虑会持续到国庆节假期结束回来一周左右，大部分的孩子逐渐完全适应，幼儿园生活才正式步入正轨。

独立在幼儿园生活，是幼儿走向社会的重要开端，他们无论在生理还是心理上都在经历巨大的变化。在婴儿时期，孩子与照顾者之间最初的情感联结被称为依恋关系[1]，这种依恋关系随着年龄的增长而逐渐发展。出生到6周左右是前依恋关系阶段，这一阶段的婴儿虽然能够辨认母亲的声音、气味，但是还没有真正地建立起依恋的关系。依恋关系的萌发是在6周到8个月，这段时间婴儿逐渐表现出对熟悉的照顾者的依赖，比如，对待妈妈和陌生人会有不同的表现。但是，离开照顾者，婴儿不会表现出明显的抗议。从8个月开始，一直到2岁，依恋关系才真正建立，婴儿开始表现出分离焦虑，也就是当他们熟悉的照顾者离开的时候，他们会感到害怕、焦虑，或者大声哭泣。2岁以上的孩子，才逐渐开始理解“妈妈出去了，一会儿会回来”这一概念。如果他们在熟悉的环境，妈妈短暂地离开，他们的“抗议”或许没有那么强烈，但在陌生环境下与照顾者分离还是会表现出焦虑。在这个阶段的孩子，当妈妈或者其他照顾者离开时，他们会选择和“眼前的照顾者”（也就是幼儿园老师）形成情感联结，作为他们探索外在世界的安全基地。[2]

因此，孩子刚开始上幼儿园总会哭，反而是孩子发展正常的表现。当然，每个孩子的表现都不一样。有的孩子开始几天都不哭，因为新鲜劲儿还没过去，几天后缓过劲儿了便开始表现出焦虑；有的孩子哭几天就好了；有的孩子情绪非常激动，不吃不喝，晚上做噩梦，长达

---

1 依恋关系是英国精神分析学家约翰·鲍尔比（John Bowlby）提出的，安全的依恋关系是情感健康发展的基础。安全的依恋是一种与特定的人建立的亲密关系，与这些人在一起是愉快的，能帮助缓解幼儿的压力。幼儿会对照顾者产生不同类型的依恋，根据约翰的依恋理论，依恋的类型主要分为：（1）安全型，幼儿可以从照顾者那里得到稳定的支持、接纳和安慰，亲子关系以信任为特征。（2）回避型，当照顾者对幼儿表现出冷淡疏离，缺少互动时，幼儿会对亲密情感表现出恐惧回避。（3）焦虑型，这类幼儿在离开主要照顾者后表现出极大的痛苦，而照顾者亲近时又会感到焦虑、无所适从。（4）紊乱型，焦虑的同时带有回避性，表现为幼儿既想接触照顾者，又由于不愉快的相处经历而回避照顾者。

2 Berk，L.E.（2010）. *Infants and Children: Prenatal through Middle Childhood (7th ed)*. Pearson Education Inc. Boston.

我想妈妈的时候老师会陪我

数周。无论是什么情况下，只有当孩子实现了“依恋转移”，也就是在陌生的环境下，例如幼儿园，找到了他的“新的安全基地”，建立起了对幼儿园和老师的信任，分离焦虑也就随之结束。但是，如果您的孩子的分离焦表现持续数月，或者孩子没有表现出任何不安，并且对陌生人从未表现出恐惧感，都需要引起您的重视，这通常是孩子发展异常的表现。

怎么办？

入园前

1. 提前适应幼儿园的作息与环境

家长可以提前 4 周左右，或者更久的时间在家中模拟幼儿园的作息时间，尤其是坚持早晨起床时间和中午午睡时间与幼儿园作息时间保持一致，及早地调整孩子的生物钟。最好能够提前带孩子到幼儿园里参观，或经常去幼儿园外围散步，给孩子创造观察幼儿园的机会，给孩子讲解幼儿园里的哥哥姐姐会做的事情，介绍幼儿园是一个什么样的地方。这些都有助于孩子从认知层面理解什么是上幼儿园，从而减少恐惧感。家长还可以利用绘本，例如《幼儿园的一天》《我爱幼儿园》《妈妈去上幼儿园》《一口袋的吻》《要上幼儿园啦》等提前和孩子阅读，与孩子聊上幼儿园的话题，告诉孩子在幼儿园会做什么、幼儿园的生活是什么样的。

2. 让孩子参与准备书包、依恋物

如果孩子对上幼儿园十分抗拒，不愿意离开爸爸妈妈，可以让他选择一件喜欢的小物件或者爸爸妈妈的合照带着上学，并和孩子说明想念爸爸妈妈的时候可以拿出来看一看，爸爸妈妈也在想他。您还可以让孩子自己准备喜欢穿的衣物，自己整理书包，并给予孩子鼓励。您温暖的举动，对上幼儿园这件事情的参与，能够帮助孩子减少对幼儿园的恐惧。

3. 重视培养孩子的自理能力

例如，独立能力的培养，提升其自理能力，重点培养用杯子喝水、自己吃饭、自己穿脱裤子上厕所、穿脱衣服，并给予孩子及时的鼓励，告诉孩子掌握了这些技能意味着在幼儿园可以自己做更多事情。这样做的好处是减少孩子入园后无法独立完成一些自理活动而带来的挫败感。

4. 帮助孩子创造与同伴交往的机会

在入园前鼓励孩子接触小区的玩伴，提前练习交友的技巧，例如学

习打招呼、尊重其他玩伴的看法、不抢夺其他人的玩具等基本的社交礼仪与技巧，减少对陌生伙伴的回避与抗拒，积极主动地加入同伴的游戏当中。这一点对孩子适应幼儿园是十分重要的。试想，一个在群体中被孤立的孩子肯定感受不到待在这个群体中的快乐。如果条件允许的话，让孩子提前交到一个同班级的朋友，这样也能大大减少焦虑；如果不允许，也可以在开学后创造条件，让孩子在校外与同班级的小伙伴一起玩，帮助他跟班级的孩子建立特别的联系，让他觉得上幼儿园很好玩，每天都有好朋友在等他。

5. 家长保持稳定的情绪，建立亲密的情感依恋

家长应对孩子的情绪感同身受，在家多和孩子玩触觉类游戏，例如按摩、翻滚运动、身体接触游戏，如拥抱、泡澡等，满足孩子对亲人的情感需要，增强孩子对父母的安全依恋。

6. 练习短暂的分离与再见

在安全的情感依恋的基础上，让孩子知道妈妈暂时离开了，可是妈妈还会在约定的时间回来。可以和孩子约定一个“再见”的程序，当他去学校或您要离开家时，约定你们的“暗号”，例如，离开家门时给孩子一个拥抱、亲亲小脸蛋等等。

入学后

1. 告诉孩子如何应对分离焦虑

例如，可以短暂地哭泣释放情绪；可以拿出准备好的依恋物提醒孩子想爸爸妈妈的时候拿出来看一看；可以告诉老师自己的感受；可以和同伴一起玩；等等。

2. 和孩子道别，不要悄悄溜走

若孩子不停地哭泣，要接受孩子的情绪，倾听孩子诉说，让孩子适当地宣泄，排出不良情绪。随后，您可以和孩子约定拥抱和陪伴的时间，且陪伴时间不可过长，以 5 ~ 10 分钟为宜。在这几分钟里，您应该告诉孩子您对他满满的爱和相信他能够适应新集体，鼓励孩子接触老师，表达您对老师的信任。在约定的时间到了以后，您应该坚定地将孩子交给老师。

3. 坚持每天送孩子上幼儿园，准时接送

准时接送孩子能让孩子明确上幼儿园是一项例行公事，也会让孩子产生对生活的掌控感和安全感；对年幼的孩子而言，准时接送对培养安全感有很大的影响。对孩子来说，准时接送就意味着“我没有被抛弃”，树立起“妈妈说过来接我，就一定会来的”的信心，是孩子学习信任环境、人的开始。如果孩子比较焦虑，也可以在开学初早一点接孩子，等孩子适应后逐渐延长在园时间。

4. 引导孩子分享开心的、有趣的事情

积极分享让他觉得自豪、开心与温暖的小事；不要用消极的语言询问孩子“你今天哭没哭啊”“今天有人打你吗”；您也可以帮助孩子用不同的思维方式来看待消极的经历，例如，“今天离开妈妈了，很难过，但是和小朋友在一起玩很开心”“今天小朋友抢我的玩具了，我不高兴，但是老师来帮助我了”。让孩子在情绪沮丧的情况下看到积极的一面，这对孩子养成积极、乐观的性格非常有帮助。

5. 加强与老师的沟通和配合，帮助孩子适应幼儿园

- 了解幼儿园新生适应的课程和方法，高度配合。例如，有的幼儿园为了让孩子更好地适应，会在开学时邀请家长陪孩子在教室里参与

孩子的活动，那么家长应提前安排人员或时间，不要让孩子无人陪伴。

- 不要在孩子面前负面评论老师和其他幼儿。成人对幼儿园满意、信任的态度会影响孩子，让他觉得幼儿园是一个安全的环境。

- 如果孩子较长时间表现出害怕上幼儿园，您可以问问孩子，是什么让他感到害怕或者难过。尽可能地在孩子适应期间陪伴孩子，例如，每天坚持自己送孩子上学，在幼儿园陪伴孩子一会儿再离开，等到孩子适应之后再减少陪同时间，等等。

38 孩子不愿意上幼儿园，怎么办？

为什么？

当孩子紧紧地抱着您不肯松手，歇斯底里地哭喊着“我要回家”，您是否感到既焦虑又心疼？一番“争斗”后，尽管在老师的帮助下艰难地把他送进了幼儿园，而您、孩子和老师也难免身心俱疲。

一般来说，孩子不愿意上学有以下三种情况：一是新生入园，孩子存在分离焦虑；二是孩子生病或放假归来，对返园很不适应；三是孩子本身适应且喜欢上幼儿园，但某天突然就不愿意上幼儿园了。若孩子属于第一种情况，您可以参照本书“分离焦虑”相关章节详细了解；若孩子是由于生病或放假结束后抵抗上学，很有可能是生活节奏和规律被打乱，返园后心里有落差；第三种情况可能是因为发生了一些引起孩子情绪波动的事情，需要针对孩子情况具体分析，例如，新老师的到来（安全感受到影响）、对教学活动不感兴趣（感到压力）、班级有了新规则（掌控感受到挑战）、好朋友转园或请假（友谊的变化）、受到同伴拒绝（社交受挫）、被老师批评（自尊心受到打击）等都会让孩子产生不想上学的情绪。[1]

1 冯夏婷（2011）. 幼儿问题行为的识别与应对：给家长的心理学建议 . 北京：中国轻工业出版社 .

虽然孩子不愿上学的原因不尽相同，但往往都与孩子的情绪波动有关。因此，掌握孩子不愿意上学的具体原因，安抚情绪，“对症下药”是解决问题的关键。

怎么办？

1. 接纳孩子的情绪

面对假期结束不愿意返园的孩子，您首先应当对“假期综合征”表示理解，这是一种正常的心理状态。您可以抱抱孩子，温柔而坚定地告诉他，“妈妈一放学就来接你，给你带好吃的”，“听说老师今天会带你们去游泳哦”，“你不是最喜欢和 ×× 玩吗，你上幼儿园就能和他一起玩了”，让孩子的注意力转移到感兴趣的具体信息上，从负面情绪中抽离出来。

2. 做好返园前的作息调整

孩子在返园之前，需要逐渐恢复上学的作息时间，一日作息尽量与幼儿园保持一致，尤其需要提前调整适应晚上睡觉、起床与午睡时间。您可以提前提醒孩子返园时间，让他做好充分的心理准备；也可以适当地鼓励孩子独立完成生活中力所能及的事情，提高自理能力与自信心。若孩子还是留恋在家，则需要思考是不是家中游戏、看电视等娱乐时间过长，导致孩子觉得上幼儿园没有在家中自由、有趣；或者家中包办太多事，对他关注太多，让孩子形成了依赖成人帮忙的心理，抗拒独立和走向集体。

3. 多与孩子沟通，鼓励孩子分享

平时多与孩子谈论幼儿园生活，您可以问一些具体的问题，如“你今天玩了什么”“你最喜欢今天的哪一个环节”。您还可以教孩子一

些表达情绪的语言，例如“我也喜欢和我的好朋友一起玩，和好朋友在一起很开心”，鼓励他们分享在幼儿园的感受。3 ~ 4 岁的孩子通常很难准确地告诉大人不喜欢上幼儿园的原因，但是您可以通过与孩子的沟通了解他的感受或者可能存在的问题。例如，孩子说不愿意上幼儿园的原因是老师不理我，则很有可能代表他遇到了困难，老师没有看到，而孩子又不会求助于老师。

4. 与老师进行会谈

如果孩子突然出现不愿意上学，您可以及时与老师沟通，相互了解孩子近期在园与在家的表现。有时对成人来说微不足道的一件小事，却可能会让孩子感到紧张不安。老师是专业的教育人士，您可以及时向他们求助，找出问题的症结。

5. 为孩子提供帮助与支持

一旦明确了孩子不愿意上学的原因，您就可以与老师合作，为孩子提供具体的帮助。例如，请老师适当增加对幼儿的关注，您和老师可以共同针对孩子遇到的问题进行疏导。从实践经验来看，一个入园半年以上的孩子如果还是不喜欢上幼儿园，大多数情况下是由于孩子在幼儿园没有玩伴。通过细心的观察您可以发现，在自由游戏的时间，这种类型的孩子通常没有固定的玩伴，也不知道如何加入其他孩子的游戏，总是在孩子们游戏之外徘徊。即使进入其他同伴的游戏，也不知道如何与人合作，容易跟其他孩子发生矛盾。在这种情况下，需要家长创造更多的跟班级的同学或者朋友的孩子一起玩的机会。您可以邀请班级里几个家庭一起出游，让孩子们彼此熟悉，建立友谊；也要与教师一起合作，请教师帮忙引导幼儿加入游戏，帮助孩子学习更多与同伴交往的技巧。当孩子有了亲密的朋友，上学便会成为一件让他期待的事。

6. 对孩子上学的要求和态度始终如一

在没有特殊原因的情况下，坚持让孩子上幼儿园，不要让他觉得上学是可以商量的。对于年幼的孩子来说，您始终如一的态度能带给他安全感，让他意识到小朋友上学和大人上班是一样的，是每天需要完成的事。

温馨小贴示

一般情况下，孩子不愿意上学的问题在一段时间后会得到解决，但如果孩子一直抗拒上学，情绪低落，甚至出现做噩梦或害怕独处等情况，则需要寻求儿科医生，让医生进行深入的分析治疗和医学干预。

第五章

自我控制与调节

5

39 孩子一出门，就让家长买这买那，不买就哭，怎么办？

为什么？

“妈妈，我要买这个。”“不买，家里有好多这样的玩具。”“呜哇！”伴随着这一声哭喊，您是否束手无策了呢？孩子在公共场合哭闹，您是否就只能妥协，或者为此大为光火？

这种“买买买”的行为对 3 ~ 5 岁的孩子来说是正常的，他们并非贪得无厌，自私自利。孩子想买这买那跟妈妈们买衣服是一个道理，人类天生对新鲜事物感到好奇，看到喜欢的东西就希望拥有。但是，和成人不同的是，幼儿阶段的孩子很难控制自己的欲望和冲动。也就是说，当我们成人想买东西时，我们知道看看自己的钱包，钱不够就能够忍住，而孩子却无法做到。当您说“不”的时候，他会失望，会难过，会发脾气，这都是因为孩子的自我控制力不足，且语言技能尚在发展之中，不能用语言充分表达自己的想法。毕竟，他没有能力和您辩论，说服您给他买，于是除了哭喊发泄心中的郁闷外，别无他法。

孩子所需要的这种自我控制能力，在心理学领域有一个专有名词，叫作延迟满足（delayed gratification）。简单来说，就是有能力抑制眼下的冲动，等待合适的时间和场合再去做某件事情。这种能力在孩子

一个小朋友在地上边哭边打滚，因为她要买玩具，妈妈不给买

1 岁半到 3 岁就开始得到良好发展。通常来说，孩子的语言能力和注意力发展越好，延迟满足能力越强，[1]这也很好地解释了为什么女孩通常比男孩的自我控制能力表现更好。这种能力的发展主要受孩子天生气质的影响，腼腆的孩子比烦躁不安的孩子更能等待；同时也受父母教养方式的影响，教养方式越偏向鼓励式的父母，越有可能培养出愿意听话的孩子，孩子也更能“拒绝诱惑”。[2]实现延迟满足的孩子能够做到“现在我不买”“现在没有没关系”“坚持完成任务”等等。

我们需要有意识地培养孩子延迟满足的能力，只有这样，他才能渐渐懂得收敛欲望、克制任性行为，做到“现在不买也没关系”。

1 Berk，L.E.（2010）. *Infants and Children: Prenatal through Middle Childhood (7th ed)*. Pearson Education Inc. Boston.

2 杰克·肖可夫，黛博拉·菲利普斯（2007）. 从神经细胞到社会成员：儿童早期发展的科学 . 方俊明，李伟亚，译 . 南京：南京师范大学出版社 .

怎么办?

1. 制订计划

出门之前，先和孩子谈谈你们今天的计划，让他了解您的计划与规则，这样可以减少您拒绝他的机会。例如：“我们今天只是去公园划船，不买其他东西”，或者，“今天去超市是要买酸奶和水果，你可以再买一个想要的东西，但不能买糖”。进入商店前，重复一遍，这样的提醒对于幼儿园阶段的孩子尤为重要。对于年龄稍大一些的孩子，还可以制订“AB 计划”。例如，“如果只可以买一个，我就买巧克力冰激凌，如果没有巧克力的，我就买草莓味的”；“如果超市关门了，我就明天买”；等等。这样做可以避免孩子在没有得到想要的东西时情绪崩溃。

2. 坚定地拒绝

坚定拒绝并不容易做到，有时孩子哭得眼泪汪汪或用近乎乞求的眼神望着您，再加上爷爷奶奶的助攻，您可能很容易“沦陷”，但是您必须“挺住”，按照事先的约定执行。说好了不买就不买，说好买一个就只买一个。如果您不善于拒绝，就会被孩子的脾气所困扰。

3. 建立信任的关系

您应该对孩子做到“说话算话”。许下的承诺必须兑现，不能因为孩子忘记了，或者孩子一哭就“瞎承诺”，无法兑现时又“事后赖账”。只有建立起孩子对您的信任，孩子才会在您说“我们今天不买果汁，下次来再买”的时候选择相信您，并愿意等待下一次。道理很简单，如果我不确定你下次给不给，那我当然想现在就拿到手。

4. 认可情绪，给出理由

如果事件升级了，孩子大哭大闹，那就蹲下来，抱着他，抚摸他的背，对他说："我知道你伤心 / 难过 / 生气了。"等他情绪平稳后再耐心地告诉他理由，这种做法将有助于孩子理解您的决定。

5. 用"可以"代替"不"

当孩子听了太多次"不行""不可以""不准"，他们会产生消极抵触的情绪。其实您可以用"可以"来代替"不"，例如："可以的，我们生日的时候就来买这个玩具。""可以的，我们下次办聚会就来买糖果。"这样孩子能感受到您在认真对待他的想法，便会更乐意接受您的提议。

6. 提供别的选择

如果可以的话，为孩子提供一个替代方案，让他有所选择。例如，"宝贝，我们不能吃草莓糖，你是想吃草莓酸奶还是新鲜草莓？""玩具下次再买，现在你想先去划船还是骑车？"

7. 做好离开的准备

如果小家伙最后还是不停地（而且很大声地）乞求某样东西，不管您是否已经结束购物，都需要先离开商场。您可以说："我们讨论过这个问题的，现在不能买，我们先回家吧。"这样做可以让孩子知道您言出必行，没有讨价还价的余地，也能明白通过发脾气达到让妈妈买东西的目的是不可能的。

8. 给孩子建设性的反馈

如果孩子接受了"不"的回答，不妨多多表扬他。例如，一旦孩子接受了某次拒绝，您就可以立刻给予肯定："你真的长大了，就算不情愿也可以轻松接受了，好厉害！”

9. 用活动奖励，而不是物品

平时想给孩子一些奖励时，可以考虑把活动作为奖励，例如，“这周你在某方面进步了，妈妈奖励你睡前多读一本书或周末去郊游”，这样他就不会把奖励等同于物质的东西，也会更加珍惜妈妈讲故事的时间或外出郊游的机会。

40 孩子一边吃饭一边看电视，怎么办？

为什么？

如果您家里有一个挑食或者胃口小的孩子，您会发现打开电视机或者平板电脑，让孩子一边看着自己喜欢的动画片，一边喂完（吃完）碗里的食物，吃饭立马“省心”很多。而事实上，从孩子的长远发展来看，这样做其实并不“省心”。

对于根据弗洛伊德的人格发展理论，婴幼儿早期（1.5 岁之前），是孩子用嘴巴和手探索、认识世界的敏感期——口欲期。[1]用手抓捏住，放进嘴里，是一种人类本能的探索。如果这段时间打开电子产品，孩子只顾张嘴接食，失去了自己动手的机会，也就错失了培养自主进食的最佳时机。孩子也因此失去了“玩”食物、探索食物的机会，长此以往，容易失去“自主进食”的愿望。

1. 5 岁之后，孩子一边看动画片一边吃饭的习惯，同样也会对孩子的发展带来不利的影响。首先，一边吃饭一边看电视，大脑专注于处理电视画面的信息，较少关注盘子里的食物，自然无暇体验食物的味道和进食带来的满足感，孩子也容易丧失对饥饿和饱腹的判断力。吃

1 White, F. A., Hayes, K. B., & Livesey, D. （2015）. *Developmental Psychology: from Infancy to Adulthood*. Melbourne: P.Ed Australia.

得不够，引发营养不良；吃得太多，可能造成肥胖。孩子还可能因专注于电视，忘记了咀嚼和吞咽，形成含饭的习惯，影响牙齿健康；或者不嚼就咽，造成肠胃负担加重，引起消化不良。不咀嚼食物也容易影响咀嚼肌的发展，导致孩子牙齿发育不良以及发音含糊。此外，一旦形成边看电视边进食的习惯，就可能导致孩子在其他时间看电视时，也会找零食来吃，养成不健康的饮食习惯。从亲子关系的角度而言，如果每一个人都盯着电视机看，家庭成员之间的交流和互动就将大大减少，亲子之间的亲密关系和联结自然就减少了。

因此，吃饭的时候看动画片，对父母来说喂养的确变得更“容易”了，但是孩子一旦养成了这个习惯，不仅不容易戒掉，不让他看时，

孩子边吃饭边看电视

他还有可能会大发脾气，甚至“绝食抗议”。长此以往，这对孩子的健康会产生很不好的影响。在忙碌的现代生活中，一家人能围坐在餐桌前其乐融融地进餐、享受食物对建立积极的亲子关系十分重要，也是帮助孩子建立终身受益的健康饮食习惯的关键。

怎么办？

1. 避免孩子养成一边吃饭一边看电视的习惯

从出生至 2 岁左右，是孩子饮食习惯养成的重要时期。在婴幼儿早期，八九个月的孩子就喜欢用手抓捏软的物体，从一手抓到二指抓、三指抓，再到能灵活操作勺子，精准地把食物送到嘴里。通常 1 岁左右，孩子会开始对食物产生浓厚的兴趣。家长此时应该顺应幼儿的兴趣和需求，不要怕孩子吃饭“脏、乱”，给予孩子充分的与食物“亲密接触”的机会，并在他 1 岁左右就提供吃饭的小勺。虽然开始总是“乱糟糟”的，但是相信不久之后孩子就会逐渐学会自主进食。

2. 如果孩子已经养成了一边吃饭一边看电视的习惯，可以采取以下措施：

（1）当孩子年龄很小却因严重挑食而导致体重不足时，您可能需要等待一段时间再采取措施。

喂养本就是一件非常难的事情，尤其是当孩子年龄很小，且体重不足时，父母难免非常担心。所以，这个时候您可以选择等待一段时间。让他看电视吃饭一段时间，直到他食量增大，增重达标。只是吃饭时您需要不断提醒孩子注意咀嚼。与此同时，父母需要做好榜样，不在吃饭时看电视、玩手机等。当然，这样做的风险是有可能孩子到了 5 岁他还不愿意脱离电子产品。

（2）当孩子的营养状况良好，也能明白成人的语言时，试试逐渐减少使用电子屏幕的时间，延长孩子等待的时间。例如，可以跟孩子说清楚，吃完这一小碗（开始要很少量，孩子容易完成）就开始看电视；然后逐渐延长吃饭时间，减少看电视时间。

您也可以试试直接戒断的方法。和他坐在一起，直接告诉他："很抱歉，宝贝，吃饭的时候不能再看电视了，因为吃饭看电视容易让小朋友变成大胖子（给一个合适的理由）。你可以选择不吃，但是不能看电视了。"这个方法的成功秘诀就在于温柔地坚持。一旦跟孩子沟通好，就要言出必行，不能轻易让步。如果孩子哭闹，您可以用平静的口吻告诉他："妈妈知道你想看电视，但是不可以。你可以现在不吃，等你饿了再来找妈妈。"

使用这一方法还可以辅以如下策略：

● **让全体家庭成员意见达成一致。**尤其是容易溺爱孩子的祖父母，更应了解好的进餐习惯的重要性。召开家庭会议，说明吃饭不好会给孩子带来哪些负面影响，例如咀嚼肌萎缩，影响牙齿和语言的发展等等。告知大家，孩子有可能会哭闹或者不吃，以及如果出现这种情况，大家应该如何处理。

● **给孩子准备他最爱吃的食物。**在最初给孩子戒断电子产品的时候，给孩子提供他最喜欢的食物，并且观察他是不是想让您喂他。在孩子开始戒断电子产品的最初几天，尽力配合，让孩子愉悦地进餐。

● **孩子饭前不提供零食。**水果等加餐必须间隔 2 小时，同时加大孩子活动量，让孩子在饥饿的时候进餐。孩子对食物天生有兴趣，这种兴趣在饥饿中尤其强烈。因此，在吃饭之前不提供零食，坚持准点进餐，让孩子保持一定的饥饿感，自然就更有动力自己动手，大口进食。

（3）吃饭前把所有的电子产品藏起来。藏起一切电子产品，如果餐桌旁有电视机，那么就让孩子背对电视。

（4）用玩具代替电子屏幕。可以给孩子一两个喜欢的玩具，用玩具代替电子屏幕，再逐步过渡到脱离玩具。

（5）给孩子不吃的权利。告诉孩子，如果不想吃，可以选择不吃，可以先去玩一会儿。这样可以给孩子一个选择的机会，孩子的情绪会因此缓和，避免出现“吃饭拉锯战”。待孩子缓和情绪后，您再通过其他方式吸引孩子进食。

41 孩子在家特别喜欢看电子产品，怎么办？

为什么？

随着我们步入信息时代，手机、平板电脑、电视等各种电子产品充斥着我们的生活。孩子一出生就被各种电子产品、儿童软件所包围。让孩子在完全隔离电子产品的“真空”环境中长大已然不现实，亦非明智的选择。最好的办法就是帮助孩子养成良好的电子产品使用习惯，最大限度地利用电子资源帮助孩子成长。

家长需要客观看待电子产品对孩子潜在的负面影响。研究表明，如果孩子长时间不加限制地玩手机、沉迷电子产品，的确存在很大的危害。过早接触手机等电子产品，或者长时间使用电子产品，容易引发孩子的健康问题，比如损害视力、脖子疼痛等；在孩子语言发展方面缺乏真实社交情景的语言刺激，可能导致语言发展迟缓；在孩子智力发展方面，沉迷电子产品的孩子注意力难以集中，容易出现多动症和攻击性行为等；在孩子的社会交往方面，由于被电子产品占用了大量的时间，缺乏真实社会的同伴交往经验而导致个性孤僻，不合群等。此外，过度使用电子产品还可能造成孩子缺乏主动思考、体重增加、睡眠质量差、情绪抑郁等负面影响。[1]

1 Pinar, Y., & Unal, F. （2018）. Impact of Excessive Screen-Based Media Use on Early Childhood Development: A Short Review. *Life Skills Journal of Psychology*, 2 (4): 297–305.

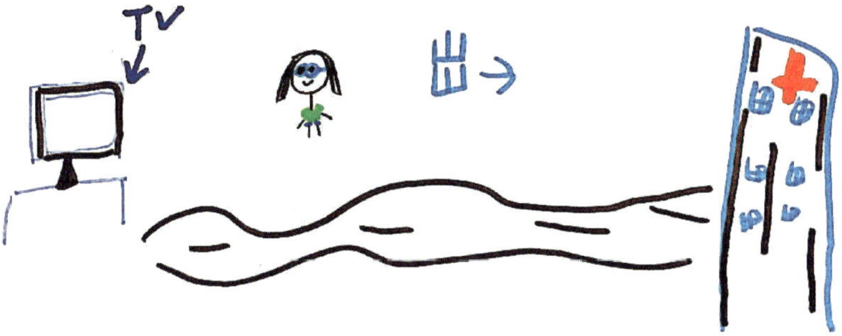

电视看多了会近视

许多家长担心孩子沉迷电子产品而干脆“一刀切”，什么都不给他玩。其实，电子产品也不见得真的是“洪水猛兽”。我们身处科技时代，智能产品早已融入生活的方方面面，如果越加以制止，孩子的好奇心反而更加膨胀。对待电子产品的关键在于合理的选择，选择合适的内容、使用的时间、频率等。从促进认知的角度而言，视频辅助教学可以帮助孩子更好地理解语言与词汇。例如，当孩子学习“珊瑚”一词时，可能很难理解珊瑚的样子，但是通过视频可以非常直观地理解什么是珊瑚。此外，视频辅助还可以激发孩子们的学习兴趣，拓展他们的视野，增进他们自主学习的动力等等。[1]

因此，孩子使用电子产品的关键不在于“围追堵截”，而在于合理引导。

怎么办?

1. 推迟孩子使用电子产品的年龄

对于年龄太小的孩子，尽量不要让他们使用任何电子产品。根据权

1 Rebecca D. Silverman, D. R., & Keane, K. (2020). The Power of “Screen Time”: Harnessing It to Promote Language and Literacy Learning in Early Childhood and Elementary School. *American Educator*. Winter 2020–2021: 20–24.

威机构的建议，2 岁以下的幼儿应避免使用手机等电子产品，同时各年龄段孩子的电子产品使用时限及方法推荐如下。

- 2 岁以下：除了与爷爷奶奶或者爸爸妈妈视频聊天外，不能使用任何电子产品。
- 2 至 5 岁：每天最多保证 1 小时的高质量节目。您可以与孩子一起观看，帮助他们理解观看内容。
- 6 岁及以上：确保家庭成员对孩子的屏幕时间限制一致，确保屏幕时间不会干扰其他重要活动，如睡眠、锻炼、阅读、休息等。
- 所有年龄段：指导孩子合理使用电子产品，最好和孩子一起玩、一起看。

2. 与孩子“约法三章”

和孩子一起协商，设定明确的限制，并用孩子能够看明白的图画方式记录下来。重点约定使用电子产品的时间、次数和场合，以及违反约定的后果。例如，今天玩手机超时 5 分钟，那么下次玩的机会就会取消。这个约定应该让孩子参与进来，尽量尊重孩子的意见，这样孩子更能接受约束。要注意的是，家长在执行时必须坚定立场，提醒孩子遵守约定。当孩子哭闹着不肯放下电子产品时，家长绝对不能妥协，否则将前功尽弃。

3. 切忌将电子产品当作“保姆”

当孩子哭闹时，如果把电子产品变成哄孩子的“哄娃神器”，长此以往会造成孩子对电子产品的依赖。面对哭闹的孩子，应该给予孩子情感安抚，并帮助孩子解决引起他哭闹的根本问题。

4. 打包有趣的替代品

对于长时间乘坐交通工具（如飞机、火车），可以提前让孩子选择自己喜欢的玩具和书，打包到“好玩的书包”里。当孩子感到疲倦或不耐烦时，家长可以用书包里的东西吸引孩子，替代电子产品。

5. 父母做出榜样

孩子受父母的榜样影响最大，要使孩子养成良好的行为习惯，首先父母要以身作则。如果家长少看电视、少玩手机，多参加户外活动，多阅读，发展多种兴趣，那么孩子自然也会远离电子产品，积极享受各种有趣的亲子活动。

6. 选择适合年龄的内容

家长应为孩子选择适龄的高质量的教育媒体，选择画质精美、情节健康、丰富孩子生活或科学知识的游戏或节目。多项研究表明，高质量的节目可以帮助学龄前儿童提高语言、社交和认知能力。

7. 进行高质量的陪伴

由于孩子年龄小，而视频节目变换节奏快，且内容较为复杂，因此孩子很难从电子屏幕内容中开展深入探究。家长应该积极参与，在孩子使用电子产品时，与孩子一起观看，讨论并提出问题，甚至动手实践。这样做能够帮助孩子消化吸收所观看的内容。

8. 告知孩子危害

家长抓住视力检查、科普故事等教育契机，让孩子了解过度使用电子产品带来的危害，从而萌发保护视力的意识。

9. 丰富儿童生活

家长应让儿童参与到游戏、讲故事、谈话、阅读、体育锻炼等丰富的室内外的活动中。鼓励他们多和同伴交往，培养他们的多种兴趣，丰富他们的生活经验。这样，他们自然而然就会减少使用电子产品。

42 担心孩子被爷爷奶奶惯坏了，怎么办？

为什么？

中国教育学会家庭教育专业委员进行的《中国城市家庭教养中的祖辈参与问题调查报告》调查显示，中国近八成的家庭中祖辈参与了儿童的教养。祖辈与父母联合教养成为过半家庭的选择，“隔代亲”也成为一个颇具中国特色的社会现象。

然而，有的家长会有些困惑，爷爷奶奶（外公外婆）总是很娇惯孩子，怎么回事？这主要是因为老人所处的人生阶段与父母不同。根据埃里克森[1]的人格发展八阶段理论，在人生晚年，人的心里是很害怕孤独的，希望通过与子女或者孙子、孙女交流获得完善感，避免绝望和沮丧。然而，子女都已成家立业，不再需要自己，但年幼的孙辈正嗷嗷待哺。因此，老人容易格外在意孙辈的感情，尽量呵护，尽力满足。此外，随着年龄的增长，老人过往苛刻的教育思想往往变得更加柔软，也希望借此弥补养育子女的遗憾，因而对孙辈“有求必应”。

---

1 埃里克森（Erik Homburger Erikson），美国现代著名的精神分析理论家之一，也是新精神分析学派的重要代表人物。在他的代表作《儿童期与社会》中，埃里克森提出了著名的人格发展八阶段理论，人一生当中每一个阶段都有一个特殊的焦点或发展任务。

那么，祖辈带孩子好不好？答案是既好也不好。好的地方在于祖辈有相对充裕的时间和丰富的经历，因此，他们有时间陪伴孩子，并且相比年轻的父母，祖辈更有耐心，更能及时觉察出孩子的需求。研究表明，祖辈的这些优点可以帮助孩子形成安全型依恋，即安全的、信任的心理环境。[1]但是，老人带孩子一定程度上还面临着难处。例如，体力和精力下降，跟不上孩子的运动量；抚养孩子耗费精力，大量占用退休时间，面对孩子容易情绪疲劳；以前带孩子的观念和经验受到挑战，容易固执己见，情绪紧张；等等。研究显示，祖辈社交活动减少且溺爱孩子，容易导致孩子缺乏社交能力，或表现出交往退缩，难以融入幼儿园生活。[2]此外，溺爱容易导致孩子对大人的过度依恋，增加孩子对陌生环境的恐惧，因此孩子表现出抗挫折能力弱，稍稍遇到困难就情绪崩溃，不愿意尝试等等。[3]然而，要预防这些问题，还在于家里的大人们要有良好的和一致的教养方式。

怎么办？

1. 明确家庭成员间的责任和期望

如果您和老人同住，共同抚养孩子，应该提前和老人及其他家庭成员明确责任划分和孩子教养原则。例如，父母和老人分别负责孩子的哪些方面，家务的划分等等。

2. 出现矛盾之前积极沟通，保持一致的教养方式

作为孩子的父母，您有责任告知老人家里有哪些规则，如果孩子违

1，2　Yi Sun & Na Jiang.（2017）. The Effect of Grandparents' Co-parenting on Young Children's Personality and Adaptation: Chinese Three-generation-families. *Asian Social Science*, 13(5): 7–15.

3　Li, F. X.（2013）. The Influence of Grandparents' Child-caring on Parent-child Attachment Relationship. *Journal of Ningxia Teachers University*, 34（4）: 130–133.

反了规则应该如何处理等等。您还需要特别说明为什么要制订这样的规则，解释清楚，如果爷爷奶奶带头违反规则不仅会让孩子困惑，还会让孩子毫无规则意识，“很不好带”。例如，如果允许孩子看手机就要明确地说明什么时候看，看什么内容，看多久。切勿在孩子面前起争执，当孩子看到任何一方站在自己这边，不仅会让他更加坚持诉求，今后孩子还可能使用“惯用伎俩”。

3. 不要在健康和安全上妥协

如果老人无节制地喂孩子吃东西，您可以拿出孩子的体检报告，清楚地说明危害。[1]例如，“医院检查出宝宝已经是肥胖儿童了，这样下去可能阻塞呼吸，这是很严重的事情”。如果老人坚持己见，认为“你小时候也是这样长大的”。您可以坚持观点并且提醒老人：“是的，我小时候是你们说了算。现在我是父母，轮到我说了算了。”

4. 保持育儿主导地位，您比老人更能“搞定”孩子

尽量和配偶一起带孩子，建立依恋关系和信任关系。“带孩子”意味着凡是有关孩子的事情，包括吃饭、上洗手间，事无巨细，您在场就由您负责。只有充分地和孩子相处，了解孩子，才有可能与孩子形成亲密、信任的关系。只有孩子信任您，他才会“听”您的话。等孩子年龄大一些，他才会服从您的管教。如果您工作繁忙，最好的办法就是睡前陪孩子，有时间就和孩子一起玩。老人初来乍到，他们尝试的方法很可能不起作用。当老人看到您能游刃有余地照顾好孩子的一日生活，建立适宜的行为规范，他们一般不会质疑，甚至还有主动学习的动力。

---

1 Heidi Murkoff.（2019, March 16）. When Grandparents Spoil Your Little One. *Whattoexpect.com.*

5. 否认观点，不否认感情

找一个安静的、孩子不在场的场合和爷爷奶奶聊一聊，告诉他们这样做为什么不合适，有可能给孩子带来什么不好的影响，请他们帮忙配合。请注意让爷爷奶奶感觉到被尊重，他们是在帮忙解决育儿问题，而不是“麻烦制造者”。您可以说：“我知道你们疼孩子，但吃糖会让孩子的牙齿坏得厉害，严重的话还会影响孩子发音。”

6. 提供代替的选择，明确孩子的发展需求

老人不容易拒绝孩子提出的请求，例如买漂亮的玩具，您可以说：“那下一次他要买更多，您还买不买？您疼孩子，我们知道。孩子其实更需要我们的陪伴，陪他散散步其实更好。”

7. 与孩子充分解释规则，确保“特权”不进家门

老人容易在不经意间给孩子“特权”，或者“弹性”地执行规则。您可以仔细观察孩子的异常行为，及时发现问题。与孩子解释我们为什么要设定这样的规则，您还可以让爷爷奶奶讲给孩子听。您还可以告诉孩子：“每个人家里都有规则，奶奶家规则和我们家规则不一样，很正常。”这样做可以降低孩子对在家使用“特权”的期待。

8. 接受现实，避免比较

接纳老人的不足，接纳孩子暂时的缺点，也接纳自己作为父母给孩子提供的环境和资源的局限性。您应该耐心地教育孩子，言行一致，亲身示范，多等待一分钟，就能看到孩子带给您的惊喜和成长。

43 孩子总是吵着要吃零食，怎么办？

为什么？

您的孩子会一看到零食就想吃吗？在超市的零食区，总能看见家长与孩子进行“对抗”。有的家长对孩子的闹腾无计可施，只能“投降”；有的家长出于对食品安全和饮食健康的担心，选择“一刀切”，拒绝孩子吃零食。但这并不能从本质上解决问题，过度地限制零食，反而容易让孩子对零食极度渴望，悄悄选择不受约束的方式偷偷吃，例如，向同伴索要，央求其他长辈购买，或者在聚会时“放开吃”。

孩子为什么对零食有着强烈的需求呢？大多数零食中都含有糖，从进化的角度来讲，在狩猎时代，甜味往往可以食用，因此人类天生就有对甜食的渴求。[1]当吃下第一口糖时，甜味会通过味蕾传输到大脑皮层，分泌多巴胺，让人感到快乐。羊水和母乳都是甜的，而婴儿习惯最熟悉的味道。现在铺天盖地的含糖广告和无处不在的甜食“围攻”，也容易激发孩子对甜食的渴望。

长期摄入大量的甜食，会让孩子对糖分忍耐度增长，不知不觉吃更多糖。根据世界卫生组织 2015 年发布的《成人和儿童糖摄入量指南》，

1 Marisa Cohen.（2020, December 4）. Why Your Kid is Addicted to Sweets and How to Strike a Balance. *Parents*.

孩子总吃零食

4岁以下的孩子不建议吃额外添加糖的食物。根据《中国居民膳食指南（2022）》，每人每天添加糖的摄入量不能超过50克，最好控制在25克以下。市面上的含糖饮料，若以500毫升计算，含糖量多为8%～11%，一瓶喝下去就很有可能摄糖过量。鲜榨果汁也并没有人们想象中的健康，榨汁的过程中损失了大量的营养物质，而糖却被保留了下来。原本一次很难吃完四五个橙子，变成橙汁之后却很容易喝完，导致摄入过量的糖。

孩子过量摄入甜食会给健康带来危害。例如，吃糖会明显抑制免疫细胞，损害儿童的免疫力。糖会损害人体合成维生素D的能力，影响肠道钙的吸收，影响骨骼发育。[1]糖还会影响大脑发育，研究表明，喝大量含糖饮料的被试者记忆力表现更差；[2]可能提高近视的风险。[3]甜食中的反式脂肪可能会引起肥胖、影响中枢神经系统的发育，甚至会增加成年后患心血管疾病的风险。"高糖、高盐、高脂肪"的三高零食不仅会加重孩子饮食口味，还会增加患龋齿、肥胖、营养不良等风险。

1 Douard, V., Asgerally, A., Sabbagh, Y., et al.（2010）. Dietary Fructose Inhibits Intestinal Calcium Absorption and Induces Vitamin D Insufficiency in CKD. *Journal of the American Society of Nephrology,* 21（2）: 261–271.

2 Pase, M. P., Himali, J. J., Jacques, P. F., et al.（2017）. Sugary Beverage Intake and Preclinical Alzheimer's Disease in the Community. *Alzheimer's & Dementia,* 13（9）: 955–964.

3 Cordain, L., Eaton, S. B., Brand Miller, J., et al.（2002）. An Evolutionary Analysis of the Aetiology and Pathogenesis of Juvenile-onset Myopia. *Acta Ophthalmologica Scandinavica,* 80（2）: 125–135.

那么，怎样做才是正确对待零食的方式呢？

怎么办？

1. 看标签，选择更健康、更适合儿童的零食

标签是判断食物健康与否的直观工具，配料表的成分通常是根据含量由多到少排列的，如果糖排位靠前，则很有可能是含糖过量的高糖食品。建议选择低盐低糖低脂、少添加剂的零食，如新鲜奶制品、新鲜水果、天然坚果等。提供健康的零食作为“三高”零食的替代品，如用坚果代替高盐高脂的薯片、选择苏打饼干代替巧克力等。需要注意的是，很多酸奶或奶制饮品的含糖量也非常高。在超市购物时，可以和孩子玩“寻找健康零食”的游戏，让选择和购买健康零食变成一件有趣的事。[1]

2. 绝对不要把零食作为奖励的手段

有时，您为了孩子多吃健康的食物，把吃健康食物当作“任务”，而用零食当作“奖励”。例如，吃几片青菜就可以吃冰激凌。一旦这样做，孩子就会认为甜食就比蔬菜重要得多。长远来看，会改变孩子对食物的偏好和看法，不利于孩子建立健康的饮食观念。解决的对策是把几种食物都放在餐桌上，鼓励孩子先吃健康食物，或交由孩子自己选择顺序。[2]

3. 控制幼儿食用零食的时间与量

您可以和孩子商量，确定“零食日”的时间，规律地给孩子吃零食，

1 Gundry MD Team. （2018, September 7）. How to Break Your Child's Sugar Addiction. *GUND RY MD*.

2 Marisa Cohen. （2020, December 4）. Why Your Kid is Addicted to Sweets and How to Strike a Balance. *Parents*.

这样孩子就不会经常惦记零食，既充满期待同时需求又能得到满足。孩子吃零食的时间建议在三餐之间，不能离正餐时间太近，不然容易影响正餐的食欲，建议在午餐、晚餐的前 1.5 ~ 2 小时允许吃少量零食。在睡前半小时应避免吃零食，以免影响肠胃及牙齿的健康。您可以灵活地控制零食的分量，例如孩子爱吃冰激凌，可选择迷你冰激凌，规定一天只能吃一个。如果约定每天晚餐后吃一块曲奇，就不能随意再给第 2 块。在执行时态度要温和并坚定，不要轻易打破规矩，因为一旦打破规矩，下次再立规矩就更难了。

4. 告诉孩子不健康零食的危害

可以利用绘本亲子共读，让孩子了解健康食物的好处，例如《挑食的弗雷达》《好多好多蔬菜》《肚子里有个火车站》《爱吃青菜的鳄鱼》等。可以给孩子看一些宣传健康饮食、彩虹食物的优质视频，告诉孩子如何选择食物。当孩子因为吃零食，导致身体不适的时候，更要抓住机会告诉孩子，吃零食不能过量，尤其是一些高糖、油炸的零食，有节制地吃零食对身体健康更有利。

5. 鼓励幼儿参与自制健康零食

让孩子参与零食制作，有助于让孩子形成科学的营养观。如果家庭条件允许，可以自制健康的小零食，例如燕麦饼干、坚果棒等。即使没有时间，也可以和孩子一起准备水果沙拉、三明治等简单易操作的食物作为零食。这种做法既能满足孩子吃零食的欲望，又避免不健康零食的摄入。

44 孩子迷恋奥特曼，怎么办？

为什么？

奥特曼、超人等超级英雄受到很多孩子的喜爱。男孩子，甚至有的成年人也很喜欢这些超级英雄，女孩则往往更偏好艾莎公主等等。但是喜欢和迷恋有程度上的区别。有的家庭虽然从没给孩子看过有关奥特曼的动画片，但孩子受同伴的影响，也喜欢收集奥特曼卡片，买奥特曼的玩具等等。这些都是正常的现象。但是迷恋奥特曼的孩子，不仅所有的东西都要求有奥特曼元素，而且连说话都离不开奥特曼，玩游戏也只有奥特曼，没有其他游戏内容。这就会影响孩子的健康发展。

很多研究表明，经常看有暴力情节的英雄卡通片的孩子，容易在和同伴交往时出现攻击性行为，也就是爱打架。[1]幼儿的认知能力和思维能力还处在发展过程中，导致他们难以区分现实与想象，容易沉迷、模仿暴力情节。还有一些研究表明，儿童、青少年玩暴力电子游戏也会助长攻击性行为。[2]玩暴力电子游戏，短期内会让儿童模仿暴力行为，

1 Zeytuncu., K. (2019). A Literature Review on the Effects of Superheroes on Children. *Journal of Family Medicine*,（6）: 1–4.

2 Whitaker., J. & Bushman., B. (2009). A Review of the Effects of Violent Video Games on Children and Adolescents. *Law Review*, 66（3）: 1033–1051.

有更多的暴力冲动。不仅如此，这些游戏对儿童的长期发展也有负面影响，比如更容易焦虑、有更多的暴力行为，并且表现出对暴力行为后果的麻木。

然而，孩子喜欢奥特曼，很大程度上是因为他心里住着一个超级英雄。有的理论认为，孩子喜欢超级英雄的最大原因之一，是那种能对世界施加影响的掌控感和力量感。[1]借由想象的人物，他们能够释放自己的能量，觉得自己能够掌控世界。因此，如果对孩子看电视的时间加以控制，对玩超人、奥特曼游戏加以引导，那么喜欢超级英雄也不全是坏事。在一项研究中，老师帮助孩子们准备了超级英雄的道具，并且要求孩子们在玩超级英雄游戏的时候表现出他们的友好、善良和正义。结果发现，孩子们彼此之间的合作增多，还让一些平时社交方面比较退缩的孩子加入了游戏。因此，如果加以正确引导，奥特曼、超人游戏可以增进孩子的社交能力。

孩子也是一名小小的社会成员，因此，不可避免地会接触奥特曼、超人等超级英雄的动画片、电子游戏、玩具、卡片等。那么，如何把这种“接触”控制在合理的范围之内，既不影响孩子的社交，又不让他们沉迷其中，深受其害呢?

怎么办?

1. 管理观看时间

不管孩子是否迷恋“奥特曼”，家长应控制孩子使用电子产品的时间，如规定看电视的时间、电视节目的内容和看电视的时长。美国儿科协会建议，2 岁以下不使用任何电子产品；2 ~ 5 岁，电子产品的使

1 Zeytuncu., K. (2019). A Literature Review on the Effects of Superheroes on Children. *Journal of Family Medicine*, （6）: 1–4.

用时长应控制在每天 1 小时以内，并且应选择具有教育意义的，高质量的电视节目。[1]世界卫生组织《为了健康成长，儿童需要少坐多玩》的报告也建议 5 岁以下儿童应少接触电子屏幕，多玩少坐。吃饭、睡前时间也不应看电视或者使用电子产品，以免影响孩子进食或者睡眠。

2. 正确引导孩子观看有关奥特曼的影片

如果孩子非常想看有关奥特曼的影片，家长可以陪孩子一起观看，并在观看后，用影片中正确的价值观引导孩子。例如，可以问孩子："奥特曼特别喜欢帮助别人，如果你想当奥特曼，你觉得可以为大家做点什么呢？"如果孩子有模仿奥特曼中打斗的过激行为，家长可以和孩子一起谈论如"什么是英雄""我们怎么当英雄"，并表达您对他行为的期待。如果孩子想玩奥特曼游戏，应将游戏的焦点放在奥特曼如何帮助别人等内容上。

3. 帮助孩子分辨虚拟和现实

您应该告知孩子奥特曼只是一部动画片。奥特曼也只有在怪兽出现的时候才变身，打斗动作只用在坏人身上，平时对小朋友不能这样。您应该十分清晰、明确地告诉孩子，奥特曼是动画片里的角色，是人们想象出来的，不是真实的。

4. 借"奥特曼"形象，发展孩子的更多能力

孩子喜欢奥特曼的形象，家长可以鼓励他给奥特曼续编故事，绘画奥特曼的不同形象，或者研究奥特曼机器人构造等来深入研究事物，更多地将奥特曼与现实生活联系起来。

---

1 Children's Medical Center（CMC）（2021）. AAP Adjusts Screen Time Guidelines for Children.

5. 增加户外活动时间

为孩子提供更多的户外活动体验，他的身心就会得到舒展。骑自行车、玩轮滑、打篮球、和朋友一起在户外踢足球等，活动既能够让孩子释放能量，又能锻炼体能。建议保证孩子每天有 2 个小时的户外活动时间。

6. 发展爱好，丰富家庭游戏

广泛的爱好可以帮助孩子避免过度沉迷。对于年龄比较小的孩子，可以带孩子一起玩乐高、躲猫猫、小区散步等等。对于年龄稍大的孩子，可以设定晚餐后家庭游戏时间，例如下棋、玩纸牌（凑十）、拼乐高、折纸飞机、做手工等简单、有趣、不需要进行太多准备的游戏。这些活动可以取代全家看电视、玩手机的时间。

7. 树立良好的榜样

父母应树立良好的榜样。对孩子的要求，例如吃饭、睡前不玩手机，不看电视等等，父母同样要遵守。

45 孩子不管做什么事都很磨蹭，怎么办？

为什么？

您是否有这样的养娃烦恼？孩子早上叫不醒，醒了半天才去刷牙，准备出门上学了还在找玩具。什么事情都要“三催四请”，终于起身了还磨叽。这个时候，爸爸妈妈们通常很容易着急。可是着急归着急，孩子依旧磨蹭。这是为什么呢？

孩子磨蹭通常是在进餐、准备睡觉、写作业、换衣服等需要执行某一项指令或者任务的时候。从孩子自身方面来看，磨蹭产生的原因与孩子的年龄特点和发展水平有关。如果孩子尚且年幼，那么他们在穿衣、穿鞋、吃饭这些自理活动上花费时间更长。这是因为他们的运动协调能力尚在发展之中，所以动作会慢一些。而对于幼儿园大班的孩子而言，他们的生活自理能力有了很大的进步，但是他们还没有时间观念，也就是尚未形成“什么时间做什么事”的概念。[1]通常来说，幼儿园阶段的孩子大部分生活都是“被安排”的，什么时候吃饭、什么时候洗澡、什么时候睡觉等等，所以他们对于什么时候该做什么还没有形成概念。还有的时候，孩子们浪费时间、磨蹭，是因为他们对即将要做的事情

1 徐秀玲（2017）. 幼儿拖延行为的原因探析和应对策略 . 幼儿教育研究，（2）：47–49.

根本不感兴趣。他们觉得日常活动太无聊，例如洗澡、刷牙、睡觉等，而相比之下，玩多有趣啊。如果是这种情况，您会发现早上上学叫不醒的孩子，一听说今天去海洋公园玩，起得比谁都早，还将自己收拾整齐，催别人快点。还有的时候，急性子喜欢催促的妈妈也容易养出有拖延症的孩子。逼得太紧，又没有后果的情况下，孩子容易对催促产生“免疫”。

从成人方面看，一方面，如果孩子从小由祖父母抚养并且祖父母比较溺爱，或者父母喜欢包办、代替孩子处理事情，让孩子鲜有亲自尝试、锻炼的机会，那么久而久之，孩子知道自己不做也有人替他去完成，就会缺乏主动做事的意愿与积极性。另一方面，当孩子已经出现了磨蹭的行为表现，成人过激的反应，例如，不耐烦、抱怨等，同样也会影响孩子做事的积极性，进一步强化孩子磨蹭的行为。

怎么办?

1. 停止催促[1]

父母应控制自己不去催促，不去唠叨。催促的背后其实是对孩子自我掌控能力的不信任，不相信他能管好自己。而且催促多了，孩子还会产生“免疫”，产生“刚开始催促说明时间还早，催促加发怒，才是真的到时间了”的心理。

2. 明确界限、承担后果

父母应分清楚磨蹭是谁的事。如果是孩子自己的事，让他自己做决定什么时候、多长时间完成任务；而不是由成人越过界限去催促，甚至是代办。例如，大班的孩子要自己起床，准备上学。父母可以给孩

1　邬佩华（2017）. 幼儿“拖延症”的治愈策略 . 山西教育（幼教），（6）：14-15.

子设定好闹钟，听到闹钟就起床：5分钟穿衣服，5分钟刷牙、洗脸，5分钟穿好鞋袜、背上书包准备出门。妈妈可以在旁边提醒时间，但是如果孩子没有按时完成，那么就不能去上学或者上学迟到遭到老师批评等等。让孩子养成多长时间完成什么事情的概念，并且没有完成的时候承担相应后果，可以让孩子意识到完成某项任务是自己要承担的责任。如果每次他都可以逃脱责任，比如妈妈威胁很多次，“再这么磨蹭，我就……”，但是从来都没有兑现过。那么，长此以往，孩子就会知道磨蹭也不会产生什么后果，自然就缺乏执行的动力了。

3. 给孩子足够的时间

很多磨蹭的孩子是因为贪玩，并且专注力强，因此难以从某一项任务快速过渡到另一项任务。例如，正玩乐高时，父母催促孩子睡觉，对于一个专心致志正在玩乐高的孩子来说，停止玩玩具去做一件无聊的事情，是需要很强的自我控制力的。为了解决这个问题，您可以给孩子足够的准备时间，提前提醒孩子要尽快完成当下的事情。例如，“你有10分钟时间准备吃晚餐”，然后分别在5分钟、2分钟的时候再次提醒他。

4. 消除干扰

在保证安全和正常生活的前提下，当孩子在专注地做手头上的任务时，尽量不要打扰他。磨蹭的孩子同时也具备很多好的特质，这些特质也许能帮助孩子在成长过程中发挥自己的优势。例如，他们可能有超强的专注力。您在发出指令的时候，有可能他们根本没有在听您说话，而是专注于手头的任务；他们也可能具备比较追求完美的个性，无论是穿鞋子、穿袜子，还是搭乐高，都希望能够做到尽善尽美。这些特质通常会让他们完成某一件事情耗费的时间更长。

5. 提醒时间

对于年龄稍大的孩子，您可以提醒孩子时间的变化，他会知道时间的流逝；也可以放置一个沙漏或闹钟在旁边，让孩子可以直观地感知时间。

6. 让任务或活动变得更有趣

可以通过一些小比赛来加快孩子的速度，例如，“快速换衣服，看看你是不是比爸爸快”。用这些小比赛的时候，要记得让孩子赢得多，以树立孩子的自信心。

7. 说出自己的见解，与孩子沟通

当孩子磨蹭时，不要紧盯着磨蹭行为本身，您可以表达出对任务或活动的想法和见解。例如，“刷牙对小朋友很重要，不刷会坏牙”，而不是“你怎么又不刷牙”。您还可以真诚地跟孩子沟通，如询问孩子：“妈妈叫你刷牙的时候，你好像不想去。这是为什么？”

8. 指令清晰，分步走

虽然您的孩子能听懂指令，但是他累了、饿了或不知所措时，要遵循这些命令对他来说仍然是一项挑战。如果他看起来真的不愿意，您可以将您的指令分成几个小步骤。有的时候孩子不去执行是因为他们对具体需要做什么不是很清楚。例如，与其说“快点，要出门了”，不如试试“去拿你的帽子”“戴在头上”“让我帮你戴好”等更具体的任务式指令。

46 孩子吵着要养宠物，怎么办？

为什么？

您可能遇到过这样的情形：孩子一看到路边的流浪狗就想带回家；知道好朋友家养了一只小鸡，立刻吵着“我也想养小鸡”；外出郊游，看到卖小鸡、小鸭的小商贩就挪不开腿，央求买一只。您可能会觉得左右为难：养，很麻烦；不养，孩子会很失望。如何权衡孩子的需求和养宠物的可行性呢？如果决定养，需要注意哪些事项？

毋庸置疑的是，如果处理得当，养宠物的确可以支持孩子的发展。首先，宠物是人际支持系统外的补充，它们通过激发人类的照料行为为人类带来快乐和安慰。[1]养宠物的儿童更少体验到孤独感，这与宠物的陪伴功能有关。与宠物接触，能使儿童学会更多关于忍耐、分享、关心照顾他人以及建立亲密关系的技巧和知识，使得他们更富于爱心，具有更强的亲社会导向。[2]现在越来越多的学校、图书馆等机构使用训

1 张茂杨，彭小凡，胡朝兵，等（2015）. 宠物与人类的关系：心理学视角的探讨 . 心理科学进展，23（1）：142–149.

2 周霞，郑日昌，傅纳（2007）. 宠物与儿童社会情绪的关系 . 中国心理卫生杂志，（11）：804–807.

练有素的宠物来帮助儿童的社会情感学习[1]，尤其是针对一些有特殊发展需求的儿童。

养宠物有如此多的好处，是否意味着应该实现孩子养宠物的小心愿呢？事实上，养宠物是一个家庭的“大决策”，需要考虑诸多因素。

怎么办？

1. 是否养宠物，需要“三思而后行”

● **考虑宠物的护理要求和其他需要。**养宠物相当于家庭中多了一位或者几位“智力低下”的成员，需要有额外的精力、耐心和爱来照顾它们。您的家人能否分担宠物照看任务？大部分孩子都只会在要求养宠物和宠物刚来时热情高涨，真正的饲养工作还是由父母来完成。宠物生病、受伤等情况时有发生，您需要考虑您所在地区是否有便利的宠物医院。如果您选择异国宠物，还需咨询异国兽医协会，了解照顾它们的相关信息，评估它们的护理需求。如果您是在市场购买宠物，应特别注意宠物的健康，可以索取免疫证明，避免高价买到“星期狗”等带病的宠物。

● **考虑是否能够提供足够的空间供宠物使用。**您需要考虑宠物生活需要的空间，还需要考虑家里的空间是否能够容纳它们的最大成年尺寸。

● **考虑宠物的寿命。**在为孩子选择宠物时，您要考虑孩子对宠物的情感依恋。如果您选择寿命很长的宠物，一旦孩子离家上学，甚至参加工作，您可能不得不成为宠物的唯一照顾者。您需要考虑是否能够接受这一点。

---

1 陈全银，汤滟秋，唐静，等（2018）. 动物辅助治疗提升自闭症儿童社交技能的研究综述 . 现代特殊教育，（14）：31–38.

我想买小鸟，妈妈不同意

● 考虑是否能够对宠物的一生负责。如果孩子对宠物失去兴趣，您会怎么做？宠物的生命高度依赖饲主，弃养宠物是不负责任的行为，同时也给孩子带来不好的影响。您是否能够承担照顾宠物的所有责任，包括他们的情感需求？

● 做好经济上的准备。通常来说，饲养宠物要求家庭有足够的时间，并且在经济上能够承担宠物的医疗保健等费用。如果只是喜欢宠物可爱的外表，但经济条件和饲养环境不足以承担，您应建议孩子暂时放弃，等条件具备时再考虑。

● 做好面对宠物离世的准备。大多宠物的寿命比较短，失去宠物很可能是孩子第一次接触“死亡”，也可能让孩子长时间陷入失去的悲痛之中。您需要考虑如何与孩子讨论宠物离世，正确地认识死亡，懂得珍惜生命、珍惜生活。

2. 应根据孩子的年龄选择宠物

如果您决定饲养宠物，并且具备充分的条件，那么，您接下来要考虑的是如何要根据孩子的年龄选择合适的宠物。

- 当孩子年龄比较小，自我保护能力有限时，您要评估宠物可能造成的风险。建议选择一些不会伤害到婴幼儿，不易引发过敏的宠物，比如观赏鱼等。
- 当孩子到了 3 岁，对周围事物有强烈的好奇心，您可以考虑比鱼类互动性更强的宠物，比如小鸡、小鸭，但选择宠物的第一原则还是安全。
- 当孩子年龄再大些，比如 5 ~ 10 岁，具备一定的自控能力时，可考虑关在笼子里的小型宠物，比如文鸟、虎皮鹦鹉、仓鼠、花枝鼠等。

3. 不适合有孩子的家庭养的宠物

中国疾病预防控制中心建议如下：

- 5 岁及以下儿童不应饲养爬行动物（乌龟、蜥蜴、蛇）、两栖动物（青蛙、蟾蜍）或家禽。
- 存在免疫缺陷性疾病的人最好请人帮忙照顾宠物。
- 孕妇应避免领养新猫或接触流浪猫。如果已怀孕，不需要放弃现在的猫，但孕妇应该避免更换猫砂。
- 孕妇应避免接触啮齿动物类宠物，防止接触脑膜炎等病毒，这些会导致婴儿出生有缺陷。
- 不建议将非家养动物当成宠物饲养。由于部分野外昆虫会伤害儿童，因此，不建议孩子把野生动物、昆虫等当宠物饲养。蜂类尾部螯针、毛虫刺等可能引起痒痛甚至导致过敏。某些漂亮的甲虫受威胁时，会从尾部喷射出具有刺激性或腐蚀性液体，有可能伤到孩子。野外昆虫习性与生活空间各不相同，难以适应人类的居住环境，比如蜜蜂、蚂蚁都是社会性种类的昆虫，单独饲养可能较难存活。

4. 饲养宠物的家庭在日常生活中应注意的问题

- **洗手：**除了大家熟知的猫、狗可能携带狂犬病毒，乌龟、家禽可能携带沙门菌，鸽子粪便中的真菌可能会使人患上组织胞浆菌病、隐球菌脑膜炎。[1]因此，在接触宠物，宠物的用具，喂食、清洁宠物房舍之后，要使用流动的清水和肥皂洗手，可以减少被感染的机会。

- **消毒：**让宠物及其用品远离厨房，尽可能对宠物栖息地和用品消毒。

- **妥善处理宠物粪便：**避免孩子因接触粪便而感染寄生虫。

- **预防由宠物造成的意外伤害：**与宠物相关的意外伤害最常见的是被宠物抓伤、咬伤，另外还有在遛狗、追逐宠物的时候被绊倒、滑倒导致受伤。2004 ~ 2014 年，狂犬病死亡人数一直高居我国传染病死亡数的前 3 位。[2]深圳市对 2 ~ 6 岁儿童意外伤害原因进行调查发现，宠物咬伤排在第 3 位，约占 6.27%。[3]

5. 避免孩子可能受到宠物的伤害

- 不要让孩子和宠物独处。
- 教育孩子友善地对待宠物，不要恶意戏弄它、打扰它进食或睡觉。
- 不是自己的宠物，要注意保持安全距离，接触前要先征得主人的

---

1 林树柱，张连峰（2010）. 宠物对人类健康的潜在威胁 . 中国比较医学杂志，（4）：80–86.

2 中国疾病预防控制中心（2016）. 狂犬病预防控制技术指南（2016 版）. 中国病毒病杂志，6（3）：161–188.

3 彭中华，王虹，史勇萍，等（2015）. 深圳市托幼机构儿童伤害流行状况与家居环境影响因素研究 . 中国妇幼保健，30（36）：6569–6571.

同意。

● 告诉孩子不要把脸凑到宠物的面前。

● 出门遛狗时由成年人牵狗绳。

● 被宠物咬伤或抓伤，有较大的伤口或皮肤裂开，应及时使用干净的纱布、衣物按压止血，并到医院进行处理。

6. 如果发现对已养宠物过敏，不要随意丢弃它

以下方法可能降低过敏症状的发生概率：

● 遵医嘱规律地使用药物。

● 尽可能将宠物限制在特定区域内，不要让宠物进入卧室，最好不要铺地毯。

● 让家中没有过敏问题的人帮忙照料宠物。

● 定期清洁宠物经常接触的区域、家具、宠物用具、房舍等。

● 使用空气过滤器或带有高效空气过滤器的吸尘器。

● 尽可能经常用湿布擦拭灰尘，避免动物的皮屑被扬起。

● 保持房间通风。

第六章

6 认知与学习

47 孩子问他从哪里来，怎么办？

为什么？

好奇是孩子的天性，几乎每个孩子在懵懵懂懂的时候都会问——我是从哪里来的？孩子突然的提问是否常常让您感到措手不及、尴尬不已，不知道该如何回答。

“我从哪里来？”是孩子自我意识的萌芽，也是孩子性意识的萌芽。孩子问这个问题可能是因为您或您身边的人怀孕了；在电视、书籍上见过怀孕、生产或者新生儿的画面；也可能只是好奇。

如果您以“你是从垃圾堆里捡来的”或“你是充话费送的”忽悠他，只会让孩子对生命有错误的认知；而一味地回避、转移话题，敷衍他，反而会越发刺激孩子的探索欲，他越想弄清楚答案。当孩子提出疑问时，您需要根据孩子的年龄给他一个可以理解的真实答案。有问必答不仅能够帮助孩子了解人体、性等健康知识，也能帮助父母了解孩子对性信息的掌握程度，提供开展性教育的契机。

小朋友好奇地看着怀孕的妈妈

怎么办?

1. 温和的态度

温和的态度会让孩子感到愉悦，感受到父母对于自己好奇心的充分尊重。孩子会觉得他可以和您谈论任何事情，他可以信赖您，尤其是在一些敏感问题上，为他在青春期参与讨论更深入、更具挑战性的性相关话题奠定基础。

2. 问什么，答什么

父母需要了解孩子到底在问什么，例如：3 岁的孩子和 6 岁的孩子可能会问同样的问题，但语境往往不同。3 岁的孩子可能只是想知道宝宝是怎么从您肚子里出来的，而 6 岁的孩子可能会问孩子到底是怎么生出来的。先明确真正让孩子感到好奇的内容是什么，然后才能更好地解答孩子的困惑。[1]

1　胡萍(2011).善解童贞1: 0～6岁孩子的性发展与性关系.南宁: 广西科学技术出版社，P213.

3. 用孩子能够理解的语言简单直接地回答

6 岁以下的孩子往往更关注怀孕和婴儿如何进入这个世界，而不是性行为。您可以给予简单的答案帮助他理解，例如："爸爸的精子和妈妈的卵子结合在一起，成了受精卵。受精卵在妈妈的子宫里生活，经过大约 10 个月，就生下了你。"如果孩子继续追问就继续回答，如果已经解答了他的困惑，就不再延伸。[1]

4. 使用准确的术语

与孩子交谈时，可以像对待身体的其他器官一样对待生殖器。避免使用俚语或委婉语，要使用准确的术语。例如，用"阴道、子宫、精子和卵子"等词语来解释生孩子的过程，这样孩子在年龄稍长后不会为此困惑，同时也可以帮助孩子建立科学的性态度。[2]

5. 借助多媒体资源和绘本阅读

多媒体非常适合解答更为棘手的问题，例如：精子是怎么跟卵子结合的？若使用视频展示，将会使问题更加清晰易懂。我们还可以通过跟孩子一起阅读《小威向前冲》《我从哪里来》《小鸡鸡的故事》等绘本，帮助孩子理解生命诞生的过程。总之，父母可以利用一切资源，从不同角度解答关于生命起源的疑惑。

6. 让他参与您的妊娠期

如果您正处于怀孕阶段，鼓励孩子去感受胎动，让他陪您做产检，这样他能实际感受、体验弟弟妹妹的生长过程。这种产前的亲密关系不仅会帮助孩子理解新生命的诞生，还会让孩子更容易接受家庭新成员的加入。[3]

---

1 Admin.（n.d.）. Ask Dr. Sears: "Mommy, Where Do Babies Come From？". *Parenting*.

2 Robin Elise Weiss, PhD, MPH.（2020）. How to Tell Your Kids Where Babies Come From. *Verywell family*.

3 Admin.（n.d.）. Ask Dr. Sears: "Mommy, Where Do Babies Come From？". *Parenting*.

48 孩子上学前要不要提前学习拼音和写字？

为什么？

孩子上了大班后，父母就开始考虑孩子上小学的事情了。很多家长都非常焦虑，担心孩子在幼儿园认字、学拼音、学数学不够，到了小学会跟不上。因此，很多父母都希望幼儿园开设小学课程，或者让孩子上幼小衔接的课外辅导班，提前学习小学的内容，希望孩子“赢在起跑线上”。

但是，我们国家在《教育部关于大力推进幼儿园与小学科学衔接的指导意见》中明确指出，要改变过度重视知识准备、超标教学、超前学习的状况，规范学校和培训机构的教育教学行为；同时，要求小学实施“适应教育”，将小学一年级设为入学适应期，将教学方式游戏化、生活化，与幼儿园衔接，要纠正小学一年级超标教学，盲目追赶进度的做法。

我们国家为什么要这样做呢？[1]

因为大量的研究表明，幼儿园小学化百害而无一利，这已是全球教学界的共识。在幼儿园阶段过早教授小学的内容，拔苗助长，会危害

1　陈宇宇，陈晓微，黄艳青（2019）. 丰富识字策略　促进幼小顺利衔接. 文学教育，(9)：94–95.

我喜欢在读写区玩

孩子的身心健康。当然要强调的是，这里的“小学化”指的是一种机械化、重复性的大量练习。有的四五岁的孩子就要坐下来写字、算术。因为孩子身体的控制能力还在发展之中，过早长时间地练习，容易导致驼背、近视等。除了对孩子造成身体危害，过早超纲学习还容易给孩子带来心理伤害。小小年纪就把大量的时间花在写字、算术上面，缺乏跟其他孩子一起玩耍的机会，容易产生与年龄不相符的孤独感。而过早地承受学习的焦虑和压力，容易让孩子出现情绪控制方面的问题，如一点小事就大哭大闹，心理非常脆弱。其次，孩子的思维能力是随着年龄的增长而逐渐成熟的。孩子在 4 岁的时候学习 20 以内的加减法花费的时间可能是 7 岁的时候学习相同内容的好几倍。浪费时间不说，孩子过早学习与年龄不相符的内容也容易让他们过早丧失学习的自信心。内容太难，会让孩子有“怎么学都学不会”的感觉。[1]此外，过早学习小学的内容容易使孩子养成不好的学习习惯。老师在课堂上教的都会了，孩子觉得上课很无聊，没意思，常常开小差。

这些不好的学习习惯都是拔苗助长的恶果。但是，很多家长依然对于“不超前学习”感到焦虑，“难道孩子在幼儿园就什么都不要学吗？”当然不是。幼小衔接，要从多个方面进行科学的衔接，并不是什么都不学就是最好，也不是认的字越多准备就越充分。此外，幼小衔接，

1 王喜海（2020）. 幼儿识字教育：有关争议的回顾与思考 . 上海教育科研，（12）：49–54.

除了学习上的衔接，还要有学习习惯、适应小学的独立生活能力的衔接。

怎么办?

1. 孩子的身心健康与孩子的认知发展同等重要

研究表明，在行为和情绪管理方面做好准备的孩子，进入小学后不管从短期还是长期来看，他们都更容易取得学业上的成功。与他人相比，他们在学习上更有动力、面临较少的行为问题，同时会更加投入地完成家庭作业。[1]孩子进入小学，面临学校生活、学习方式的巨大变化。学校变大了，孩子变多了，老师变少了，连厕所都变得离教室更远了。学习的方式也从幼儿园的游戏和活动变成了抽象的、相对静止的课堂。这些变化对孩子的行为、情绪的自我管理能力提出了更高的要求，也会给孩子带来一定的压力。因此，家长、幼儿园都应重视孩子的心理状态，明确教授孩子哪些行为是适宜的，教授孩子情绪管理的方法等等。如果孩子在幼儿园阶段出现明显的行为、情绪问题，如无法安静坐下来、情绪失控等，应建立个别化教育档案，及时干预。如果孩子即将进入小学，家长不要急于让孩子学多少拼音、数学，而应首先了解孩子是否在社会交往、情绪和行为的自我控制方面做好了准备。

2. 转变观念，切忌急于求成

很多校外培训机构和一些为盈利而违规办学的幼儿园无视国家的政策要求，超前教学，过早让孩子背负压力学习小学知识。像这样的机构和幼儿园，家长应谨慎选择。如果孩子在学业尚未开始就厌恶学习，厌恶学校，试想，孩子未来十几年该如何在学校度过?

1　Hirst, M., Jervis, N., Visagie, K., et al. (2011). *Transition to Primary School: A Review of the Literature*. Australian Psychological Society.

3. 进行识字、算数游戏

科学的幼小衔接并非什么都不学，而是不以牺牲孩子的学习兴趣为代价来学习。父母可以利用空余时间跟孩子边玩边学，如汉字捉迷藏。父母和孩子轮流把汉字卡藏起来，让对方找，找到之后对方要把这个字读出来。这项游戏可以在日常生活中进行，就连逛街、吃饭时都行，帮孩子指认他认识的字，让孩子知道字的意义，在生活中是如何运用的。您也可以买一些数学类游戏材料，在家和孩子玩一玩。还有一些益智类的玩具，“数字华容道”“百变插珠”“五子棋”“数独游戏”等都对孩子学习数学、几何图形、数感等非常有好处。

4. 提供多样化的前书写材料

可以在家给孩子打造一个写写画画的角落，提供铅笔、毛笔、水彩笔、记号笔、羽毛笔，不同类型、颜色和尺寸的纸张，液晶手写板等，这样孩子一有时间就会主动写写画画。

5. 提供各种活动锻炼小肌肉动作

很多家长要求孩子写字，孩子却力不从心，写得歪歪扭扭，主要原因是孩子的精细动作尚在发展之中。中国的汉字书写是需要五根手指同时协作完成。可以创造大量机会锻炼孩子的小肌肉动作，例如手指操游戏、涂色、画画、手工制作等。

6. 坚持每日绘本阅读[1]

父母要挑选合适的绘本，与孩子一起指读里面的文字与图画。在阅读结束后可以让孩子从这六方面回顾和记录故事内容——时间、地点、人物、发生了什么事情、最后怎么结束的和“你的感受”等。孩子学

1 郑嘉慧，王喜海（2020）. 大班儿童前识字特点及教育支持策略——以 H 市大班 32 名儿童为例 . 早期教育（教育科研），（6）：32–37.

好语文的最好办法就是多读。大量的阅读可以培养孩子的语感，增加词汇量，积累写作素材，语文成绩自然就好。

7. 坚持绘画日记

大班开始，父母可以尝试让孩子通过绘画的方式记录自己看到的事情或者所思所想，一周进行一到两次即可，孩子可以先画再写，家长配上文字解释。为此，父母要在周末安排多种活动，去图书馆、绘本馆、画展等地方，欣赏完并记录下来。这样做可以为孩子在小学写作文、完成看图说话打下良好的基础。

8. 给家里的物品贴上文字标签

汉字出现在孩子生活中的方方面面，父母可以帮助孩子为他心爱的玩具贴上标签，也可以为家里的常用物品贴上标签。孩子会在潜移默化中认识这些汉字，久而久之，就熟悉这些汉字了。

9. 玩听觉游戏、转述游戏[1]

家长可以在家与孩子玩听觉游戏，让他习得汉字的正确发音，也能够养成良好的倾听习惯，如绕口令、古诗词、词尾接龙、造词游戏。词尾接龙即随意给出一个词让孩子用其末尾的音节来组词接龙，如电脑—脑袋—袋子—紫色—色彩等。必要时成人可以示范一些词语，让孩子从模仿开始，再过渡到孩子独立进行造词。您还可以给孩子布置小任务，例如，“去问问爸爸，今天出去吃饭，打算吃什么，问到之后告诉妈妈”。这些小任务不仅可以锻炼孩子的任务意识，还可以培养孩子认真倾听的能力。

1　钱志亮（2011）. 入学早知道 . 北京：北京师范大学出版社 .

49 怎样选择兴趣班？

为什么？

孩子一出生，很多宝妈就开始给孩子报名游泳课、音乐课等等。孩子稍大一些，她们又有了更多的选择，如乐器课、亲子课、英语课等等。孩子再大一些，可选择的就更多了。那么，面对市场上琳琅满目的各类兴趣班、特长班，我们该如何选择呢？

总体来说，市场上的兴趣班大致分为两种类型：兴趣特长和学科辅导。兴趣特长有乐器、舞蹈、运动、美术等，而学科辅导就是英语、数学、科学等学科学习班。

很多家长热衷给孩子报班，尤其是在竞争激烈的一线、二线城市。有的家长从孩子上幼儿园开始，就将孩子的课后生活排满了，从周一到周五放学后，周末全天都是各种兴趣班。孩子连轴转，牺牲了亲子时间，让孩子根本没有休息和自由玩耍的机会。有的家长对于如何给孩子选择兴趣班毫无头绪，看到别人报什么就报什么。有的家长认为孩子的学习最重要，从上幼儿园开始就报各种语文、数学、外语主科兴趣班，觉得要想孩子成绩好就要早准备等等。

这些做法显然是不可取的。有的孩子从很小的时候开始所有时间都被兴趣班挤占，缺乏跟同伴一起玩耍的机会，总是奔波于兴趣班之间，因此精神一直处于焦虑状态，导致在幼儿园很难跟其他孩子相处，情绪控制能力弱。有的孩子一放学回家就去兴趣班学习，导致运动能力严重不足，一跑步就摔跤，一摔跤就受伤。还有的孩子总是被家长强迫学这学那，很小的年纪就对学习产生厌恶感。这些都是家长的选择不合理而导致的。在一项针对兰州某幼儿园幼儿参加兴趣班情况的调查显示，56% 的孩子表示，自己不喜欢上兴趣班，而 79% 的家长认为孩子应该上兴趣班。[1]

除此之外，各类培训机构教学质量参差不齐。有的培训机构老师没有任何教育背景，缺乏教育常识。有的机构课程设置不合理，打着所谓美国课程的旗号，违背儿童身心发展的规律，机械训练，超前教学。对孩子来说，上兴趣班就是一种煎熬，还没开始就盼望着结束。这些都是我们在给孩子选择兴趣班时要尽量避免的。那么，如何选择兴趣班呢？

怎么办？

1. 以孩子的兴趣为前提[2]

需要注意的是，上兴趣班不是看家长的兴趣，而是看孩子的兴趣。有的家长认为孩子还小，不懂什么是爱好。事实上，每个孩子都是一个独立的个体，中国的俗话说“三岁看大”是非常有道理的。每个孩子都有自己的偏好和独特的个性。家长应该尽量按照孩子的意愿报名兴趣班。您可以在报名前带孩子参加试课活动，让孩子自己决定是否参加。如果孩子太小都没办法说出自己是否喜欢，那么您可以考虑等孩子大一些再报名。

1　包晶冰，詹国芳（2019）. 学前儿童参加课外培训班的现状研究 . 现代经济信息，（34）：348–349.

2　高瑾（2013）. 兰州市 A 幼儿园儿童参加兴趣班现状调查研究 . 西北师范大学硕士学位论文 .

2. 换来换去也没有关系

有的家长说，没办法尊重孩子的兴趣，孩子都是今天一个想法，明天一个主意，上了没几次就不愿意了。在这种情况下，可以跟孩子事先商量好，一旦选择了就要坚持一个学期或者十节课等等。如果坚持了一段时间，孩子也掌握了一些基本的技能，但孩子还是很抗拒上兴趣课，那么，放弃是明智的选择。在幼儿园阶段，每个学期换一些不一样的兴趣课是非常正常的。这样可以帮助孩子了解不同的兴趣爱好，拓宽孩子的视野。

3. 懂得选择

从众心理会给家长带来压力，看到别人都去上兴趣班了，自己不能落后，随便跟风，给孩子报了班就去上。然而，每一个孩子都是不一样的。家长要了解自己的孩子，要根据他的兴趣爱好去选择相应的兴趣班，不盲目报班。不好的选择是浪费时间，而好的选择将会让孩子受益终身。

4. 学会做“减法”

在不了解兴趣班市场的前提下，很多家长选择“遍地开花”，让孩子上很多门兴趣班。孩子厌学，大人疲惫不堪，结果只是徒劳无益。家长要学会做“减法”，兴趣班要追求质量而非数量。幼儿园阶段的兴趣班主要分为运动类、艺术类（绘画、音乐等）、学科类。最多选择三项，同类型的也没必要多选。运动类可以选择一种，如足球、篮球、羽毛球、乒乓球、轮滑，既锻炼身体，又有助于保护视力。运动还能促进孩子学习能力的发展。但是，需要注意的是，切忌在幼儿园阶段就开始专业的体育训练。由于幼儿的身体还在发育之中，这种训练容易给幼儿带来终身的身体疾病。艺术类可以选择一种，因为这需要长时间的坚持和训练。家长可以和孩子商量决定是否选择，一旦达成协定，家长就要监督完成。

5. 扬长避短

每个孩子都有自己的天赋和性格优势。家长在报班的时候应该根据孩子的长处进行选择，而不是一味地选择他不擅长的领域报班。兴趣班不是用来补短的，而是发掘自己的兴趣和爱好的。那怎么知道自己的孩子擅长哪方面呢？家长可以从以下三个方面观察，一是孩子擅长做的事，如运动能力好，2 岁会投篮、踢球、骑平衡车，超过同龄人的发展；二是充满热情的事，如提到乐高，他能滔滔不绝地讲述自己是怎么搭建的，并乐于向观众展示自己的成果；三是经常做的事，如每天放学，孩子都会玩小区里的打击乐玩具，偶尔还能拍出节奏，意味着孩子对音乐有兴趣。家长可以根据自己的观察，挖掘孩子的优势。

6. 老师和地点很重要

众所周知，负责任、有能力的老师能让孩子保持学习兴趣，促进孩子能力发展。要选择好的老师并不容易。家长可以多问问其他给孩子报过兴趣班的家长，了解该培训机构老师的口碑；也可以试课，试课后问孩子是否喜欢授课老师。而上课地点会影响学习效率，很多课程一报就是一年半载，离家远的兴趣班虽然好，但每周去两三次，较长的接送时间会不断地打击家长的决心。家长最好选择离家近的上课地点或幼儿园办的课外班，这样有利于孩子持续有效地学习。

7. 兴趣班只是补充，父母陪伴才是最重要的

家长给孩子报一些艺术类或乐器类等专业性较高的兴趣班无可厚非，但很多兴趣爱好不用花钱报班也能培养。例如，家长可以给足孩子每天户外活动的时间，放学后先到社区公园跑一跑，周末带着孩子一起骑行、徒步、登山、健身。这些都是不错的选择。这样既锻炼了孩子的身体素质，又增进了亲子关系，何乐而不为呢？

50 孩子不爱阅读，怎么办？

为什么？

说起阅读，很多家长都很头疼：“我们家孩子就是不爱阅读”，“孩子对书没有兴趣”，“怎么总是玩玩具，不碰书呢”。

孩子不爱阅读，可能是多方面的因素导致的，如遗传因素、环境因素和教学因素等等。在这里，我们主要从环境因素和教学因素来考虑孩子不爱阅读的原因。现在请您回想一下，您家有没有以下几种情形：

第一，家中无图书角或者没有大量的藏书，而且家里的大人也不爱阅读，即家中没有良好的阅读环境与阅读氛围。

第二，没有选对书，买书给孩子只按照自己的标准，或者盲目选择市面上口碑好、经典的图画书，以为孩子会喜欢，最后往往付出了金钱与精力却得不到相应的回报。

第三，孩子但凡有阅读的意向，您就抱着过高的期待，急功近利，将学业技能融入阅读，导致孩子对阅读迅速失去兴趣且变成被动学习者。孩子在阅读过程中感到学习压力过重，破坏了愉快的阅读体验。

第四，限制孩子阅读，孩子只能读所谓的“正确”的书，而一些书被列入“闲书”名单，不允许孩子花时间去阅读。

第五，与孩子共读时，不专心，总是敷衍，讲的故事也就不生动有趣了。

第六，强迫孩子阅读，买了一堆书发现孩子不读，就会想方设法地让孩子去阅读，以成人的威严胁迫孩子阅读。有时甚至会提条件，如“如果你今天看了两本书，我就给你买玩具”等，让孩子把阅读变成兑换玩具的途径等等。

上述情形，您是否被说中一二？您可能会因此担心孩子不喜欢阅读而影响成绩，也可能会说，“不喜欢阅读也无所谓”。事实上，早期阅读是提升幼儿观察和思维能力、培养独立性和自信心、开阔眼界以及促进语言发展的有效途径。[1]哈佛大学的一项有关 3 ~ 19 岁儿童语言和阅读能力发展的追踪研究结论告诉我们，儿童早期语言和阅读的条件、环境、能力与他们的未来阅读能力以及各科学业成就高度相关。[2]不过，您也不必自恼，只要有一点创造力，对您的家庭和日程安排进行一些调整，就可以把您的孩子变成一个热心的读者。

怎么办？

1. 建立家庭阅读区

在家中建立一个专门阅读的区域，可以是一间书房。购置适合孩子身高体型的书架、书柜，舒适的小椅子、沙发、毛毯或者毛绒玩具，配备适宜的灯光，投放各种各样的图书，让孩子愿意进来阅读。除了专门的阅读区，客厅、卧室也可以有书架，放置孩子们可能喜欢的图书，引起孩子的注意，他可以随时拿取并阅读。

1 陈艳（2014）. 幼儿早期阅读兴趣培养的重要价值及其方法探索 . 荆楚学刊，（6）：68–72.

2 周兢（2005）. 论早期阅读教育的几个基本理论问题——兼谈当前国际早期阅读教育的走向 . 学前教育研究，（1）：20–23.

2. 经常阅读

父母如果自己都不爱阅读，那么何以要求孩子阅读呢？孩子看到父母经常阅读是养成阅读兴趣的关键。您可以抽出一部分时间来安静地享受阅读。这会给孩子传递一种信号，即阅读是一种愉悦的活动，即使您看的是报纸、杂志、菜谱，孩子都很有可能会模仿您阅读。

3. 亲子共读

孩子不是天生就会阅读的，他们阅读能力的发展有着一定的过程与规律，在阅读能力培养过程中需要父母、老师的正确引导与温暖陪伴。[1] 所以，作为家长，我们可以每天抽出一段固定的时间陪孩子阅读，每天规定 15 ~ 30 分钟，内容、形式可以多样，可以是您读给孩子听，也可以听孩子读，还可以是讨论。总之，要让孩子感受到您的陪伴，将阅读变成一件愉悦又能增进亲子情感的事。而在固定的时间坚持共读，把阅读变成日常生活中的常规活动，重复再重复，也就能促使孩子慢慢养成阅读的习惯。

4. 与孩子讨论阅读的内容

在与孩子共读时，您可以与他一起讨论书中的图片或者您看到的内容。让孩子总结到目前为止发生了什么，预测接下来又会发生什么，或者让孩子给出自己的想法，这样不仅能促使孩子参与阅读，还能帮助他理解阅读的内容、培养批判性思维。

5. 发现并尊重孩子的兴趣

培养阅读兴趣不是一蹴而就的，在找到孩子真正的兴趣之前，我们要不断地尝试。毕竟每个孩子都是独立的个体，父母选的书也好、大

1 周兢（2005）. 论早期阅读教育的几个基本理论问题——兼谈当前国际早期阅读教育的走向 . 学前教育研究，（1）：20–23.

家推荐的阅读清单也罢，即便是经典的、拿了国际大奖的图书，孩子也不一定喜欢。不要随意给孩子贴上“不爱阅读”的标签，而是留心观察孩子，从他的游戏、言行举止中找出他感兴趣的内容，无论是仙女、动物、运动还是奥特曼，这些内容都有助于孩子开启和保持阅读。而且孩子的兴趣是会变化的，所以书籍也要有所更新。孩子再大一点时，您可以放手让孩子自己做主，包括：想要阅读哪些书、在哪里读、和谁一起读……

6. 去图书馆“旅行”

如果担心经济成本的话，去图书馆则是一个不错的选择，那里有管理人员精挑细选的、多种多样的书供您和孩子选读。帮孩子办一张借书证，带孩子在书架间徘徊、徜徉在书的“海洋”里，挑选一本爱不释手的书，坐在自习室安静阅读或用借书证将书借回家，让孩子亲身去体验这一切，或许会让他感受到阅读的美妙之处。

7. 大声朗读图书给孩子听

大声朗读图书给孩子听，会让阅读成为一种社交活动，从而变得充满互动性和趣味性。即使孩子的年龄较大，我们依然可以为他读书。孩子在倾听的过程中，词汇量、听力理解、想象力会得到提升。如果可以的话，也让他们兴奋和热情地大声朗读吧。

8. 阅读形式多样化

阅读还可以是多种形式的，除了上面提及的大声朗读，我们还可以将阅读融入押韵游戏、唱歌、戏剧表演、角色游戏中，将书中的内容生动、形象地演绎出来。您也可以在家中开读书会，甚至建立阅读俱乐部，邀请别的家庭一起参加，定期分享阅读体验、组织有趣的阅读延伸活动，如做手工、去主题公园游玩、看电影、欣赏歌舞剧等，让孩子感受阅读的别样精彩。

9.阅读内容多样化

在生活中，不仅仅只有图书可以阅读，商场广告牌、街道的横幅、食物包装袋、菜单、玩具说明书、交通标志等，都是不错的阅读素材。有的是文字，有的是图案。不同语言的表达形式，可以帮助孩子了解生活中文字与符号的意义，发展孩子的语言能力、符号分析能力和图画比对能力，比如，阅读玩具说明书，可以帮助孩子积累阅读说明性语言的经验。

10.鼓励孩子自己写书

制作属于自己的小书，既可以是仿写，也可以是创编一本绘本，这是一件很有成就感的事。在写书的过程中，孩子可能会不断回忆自己以往阅读过的书的样子及内容，或者是当场翻阅手边的书以便模仿。将自己的绘画与构思好的情节结合在一起，设计封面、封底，创编一个属于自己的故事。小书如果能够印刷出来，无疑是让孩子兴奋的事，从而使孩子保持对阅读的兴趣与热爱。

51 孩子要不要上早教班?

为什么?

早教是什么?到底要不要早教?早教对孩子的成长有什么帮助?不上早教会不会错过什么?这是现实中许多家长都热切关注的话题,尤其是有 0 ~ 3 岁孩子的家庭。

在我国,多数学者与社会舆论都认同早期教育对象的年龄范围是 0 ~ 3 岁婴幼儿。早教的内容主要是从生理和心理两方面进行系统教养,生理方面包括早期营养与喂养、卫生与保健等,心理方面则包括语言、动作、认知和社会性发展等方面的教育。[1]目前,社区、幼儿园和民办早教中心是早教服务的主要实施场所与承担者。当然,也有很大一部分家长在家用应用软件与孩子玩早教游戏。2000 年,联合国儿童基金会发表报告指出:“婴儿出生后的 36 个月是其成长的关键期,为 3 岁以下儿童提供充足的食物,医疗服务和认知教育,可促进儿童在健康、个性、语言和认知能力的提高,进而有助于国家教育的发展,经济增长和犯罪率降低。”[2]国内外多项研究也证实了这一点。早教既然有这

1　陈燕玲,曲桂玉,方家琪(2017).早期教育对婴幼儿生长发育影响的研究进展.中国儿童保健杂志,(8):803-805.

2　联合国儿童基金会(2000).世界儿童发展状况报告.

么多价值，而且没有家长愿意自己的孩子输在起跑线上，那是不是都应该把孩子送去早教呢？答案是因人而异的，接下来还请您再厘清几个问题，也许心中就有答案了。

怎么办？

1. 早教不等于早教班

早教是一种教育活动，不要一听到早教就与早教班或者早教机构相混淆。早教班或早教机构是开展早教的场所，但是早教并不是只能在这些场所才能实现。在家庭、图书馆、公园，甚至在超市，早教都有可能实现，关键是实施早教的主体的教育理念、知识储备和方式方法。

弟弟的亲子班

2. 早教不等于超前教育

早期教育不是超前教育，而是根据婴幼儿的身心发展规律，科学、合理地开展相应的教育活动，以支持孩子全方位发展。如果超越其身心发展规律，急功近利、拔苗助长，甚至是过度教育的话，反而会给婴幼儿的发展带来压力，造成不良后果。因此，不要"神话"早期教育的价值，甚至打上"不让孩子输在起跑线上"的旗帜，功利性地进行早教。所谓"三岁识千字，五岁背唐诗"，都是违背幼儿认知发展规律的。

3. 高质量的陪伴是早教的起点

不管是在家早教，还是去上早教班，最重要的都是成人给孩子高质量的陪伴。如果您有一定的时间，有精力去学习和掌握良好的与早教相关知识及方式方法，您每天与孩子相处的时间就可以开展早教。高质量的陪伴通常意味着父母和孩子双方都是愉快的，在共同的游戏中体会陪伴的快乐，而不是人"陪"在孩子身边，"精神"却在玩手机。

4. 专业的事找专业的人

当然，人的精力是有限的，有些时候无法科学、合理地为孩子安排教育活动。选择去早教班，在具备专业的师资、课程及设施的基础之上，当亲子双方热情地投入活动时，不仅能够为孩子的发展提供支持，父母也能在其中学习、了解更多科学、适宜的与孩子相处的方式。在早教班中学到的内容，家长平时也可以与孩子一起做，这无疑也是一种高质量的陪伴。更重要的是，这样做还可以增进父母与外界交流、互动的机会，能在一定程度上减轻父母育儿的焦虑与压力。孩子能接触更多的同龄孩子，无形中也会促进他们社会交往技能的发展。

5. 想清楚去早教班的目的

在上早教班之前，家长要思考清楚上早教班的原因。是出于孩子成长的需要，还是作为家庭教育的补充？是想让自己得到片刻的休闲，还是让自己学习更多的教育孩子的方式方法？是因为“别人家的孩子”都上早教班了，还是因为别人觉得早教班好？抱着什么目的去上早教班，心态是完全不同的，如果是后两种原因，您很有可能很快就感到失望，感觉不像别人说的那么好，而且如果您很容易受他人影响，到早教中心，要面对更多家庭，会有更多的对比、参照。所以，如果一开始没有一个好的心态和目标的话，您很容易“迷失”方向，产生无谓的焦虑与担忧。

6. 早教不是投资生意

早教的确有助于婴幼儿各方面发展，但是其作用与效果不是一蹴而就的，还会受环境、养育方式、个人主观能动性等因素的影响。父母如果给孩子报了早教班，或者自己在家开展早教活动，不能一付出就求回报，或者发现效果不明显就失望，从而怀疑早教的价值。早教不是做投资生意，父母要有一个合理的期待。

7. 选择适合的教育理念

您在选择早教班时，可能会遇到不同的教育理念，如蒙台梭利、华德福、STEM 或者基于游戏的课程等等。这时，建议您选择您能与之产生共鸣的理念。您只要仔细阅读早教中心的理念介绍，查阅相关书籍和文献，深入研究各种教育理念，就会清楚在这些理念背景下，课程的实施与目标各有所长。您可能会对其中某种教育理念产生认同，也可能都不会。您也可以带孩子去尝试几次，也许在活动过程中孩子的状态会告诉您答案。

52 孩子注意力不集中，怎么办？

为什么？

“别乱动，坐好！”“怎么回事，能不能做完这个再干别的？”……您是否正在为孩子注意力难以集中、容易转移、被干扰而常常大动肝火，前一刻还母慈子孝，下一刻却鸡飞狗跳呢？

当父母发现孩子注意力不集中时，第一反应可能是责怪孩子不认真。家长过高的期待、孩子根本不感兴趣等，这些都可能是孩子无法集中注意力的原因。调整期待，提出适宜孩子年龄发展的要求，提供孩子觉得有趣的活动等就可以解决问题。但是，如果孩子几乎在大部分的事情上都表现出极短的专注力，那么父母就需要认真了解问题出在哪里。尽管随着孩子年龄的增长，他们专注力持续时间也会发生变化，专注时间会越来越长，但是，由于幼儿大脑神经机制尚未发展成熟，他们的注意力时长依然非常有限。在通常情况下，2 岁幼儿注意力集中时间大约为 7 分钟，3 岁幼儿注意力持续时间大约为 9 分钟，4 岁幼儿能达到 12 分钟左右，5 岁幼儿注意力持续时间大约为 14 分钟。[1]

一般来说，睡眠不足、营养不均衡、贫血、低血糖、激素紊乱、食

1　王莉（2013）. 浅谈幼儿专注力的培养 . 现代教育科学（普教研究），（6）：27，11.

物过敏、矿物质缺乏症等生理原因，或者外部环境嘈杂、任务过难或过易等因素都有可能导致孩子注意困难。注意力不能集中，会导致学习障碍，难以执行指令，语言理解能力弱，学业难以成功等一系列问题。如果孩子出现与年龄、心智水平严重不符的注意力涣散、阅读障碍、学习困难等情况，家长应予以重视，寻求专业医院的帮助。您可以通过专业检测，判断孩子是否患有感觉统合失调、注意力缺陷、多动障碍（简称 ADHD）等疾病。

怎么办？

1. 了解原因

孩子注意力无法集中，父母首先要观察孩子，看看孩子是否对任务不感兴趣。如果孩子会说话了，您可以直接问孩子是否感兴趣。毕竟，谁都难以坚持完成不感兴趣的事情，尤其是对年幼的儿童而言。他们的冲动管理、自我抑制的能力尚在发展之中，注意力持续的时间非常有限，因此，比起成人，他们更加难以“对抗无聊”。另外，您还需要了解孩子正在完成的任务是否符合孩子目前的能力水平。要求一个 3 岁的幼儿坐下来学 60 分钟英文不仅不切实际，还会造成孩子时间的严重浪费，伤害孩子的探索欲望与兴趣。如果这些问题都不存在，那么您可以考虑周围环境是否过于嘈杂、干扰过多等等。排除这些外在的原因，如果孩子是因为自身专注力持续短，则可以通过专注力练习来提升注意力。

2. 玩专注力游戏

提高孩子注意力最有效的方法就是帮助孩子练习。拼图、迷宫、找不同、“谁不见了”等思维游戏可以提升儿童的自我控制能力和注意力，是练习专注力的好办法。这类游戏材料很多，您可以网购。

3. 把大任务分解成小任务

当孩子完成比较困难或者需要长时间坚持的任务时，注意力持续时间就短。这主要是因为这些任务容易让孩子产生畏难的情绪。例如，对于幼儿来说，收拾一屋子乱糟糟的玩具就是一个艰巨的任务，可以将任务分解，先收积木，再收小汽车等等。相比之下，小任务更容易完成，阻力更小，孩子也比较容易集中注意力。特别是收拾整理这一类的家务活动和完成作业等练习技能一类的任务，把大任务分解成小任务是个不错的策略。在孩子开始新任务之前时，您可以提前告知他，让他有心理准备。您发出指令时，可以鼓励孩子重复，以确保他已理解预期的内容。在两个任务之间，预留几分钟时间休息，防止孩子过度紧张，这样做有利于保持注意力。

4. 选择适合孩子的学习方式

幼儿有三种主要的学习方式：视觉（通过观察学习）、听觉（通过听力学习）、动觉（通过做和移动来学习）。孩子的学习方式一般都是几种方式的混合，每个孩子有自己的优势和偏好。了解孩子学习风格的最好方法是观察，找到适合孩子的学习方式，能大大提高孩子的专注力。

5. 制作“待办事项清单”

教孩子制作“待办事项清单”，提醒孩子完成工作，帮助他们记住事情。注意力不集中的孩子可以从长期的规划中受益，日程安排、目标设定图表都可以成为孩子的有益工具。孩子计划意识的养成，会让自己做事情更专注，但这个过程需要时间。您可以帮孩子设定完成目标的时间，使孩子集中注意力，以便在规定时间内完成目标。如果设定的时间让孩子感觉有压力，家长可以根据孩子的性格特点决定是否用这个方法。

6. 排除外在干扰

家长尽量创设一个安静的、适合学习的环境。年龄越小的孩子，注意力持续时间就越短，除非他们正在做真正喜欢的事情，否则很难不受干扰。所以当孩子玩玩具或者看书学习时，家长送水果、递水或指导，实际上打断了孩子的思路，强行转移了孩子的注意力。因此，当孩子正在工作时，尽量减少视觉、听觉干扰，设立一个专门的区域让孩子玩或者上课。

7. 减少压力源

就像成年人一样，如果处于压力之下或有什么困扰，孩子很难专心地做一件事情。您可以询问孩子是否发生了什么事情让他们分心或感到困难，谈论这些事情可能会对孩子有所帮助。无论孩子在想什么，让孩子说一说，排除困扰后孩子能在放松的状态下练习，更利于保持注意力。

8. 限制电视及其他电子产品使用时间

研究显示，看太多电视与孩子的“执行功能”水平低下有关。[1]所谓执行功能，是指我们控制自我、接受指示、专心任务等日常决策和执行的能力。“执行功能”在孩子 2 ~ 5 岁时发展最快。如果孩子在这个阶段看电视太多的话，执行功能就会受损。由此可见，电视、手机等会令孩子难以集中注意力。如果您希望孩子有更好的注意力，那

1 Nathanson, A. I., Aladé , F., Sharp, M. L., et al. （2014）. The Relation between Television Exposure and Executive Function among Preschoolers. *Developmental Psychology,* 50（5）：1497–1506.

么最好限制他们使用电子产品的时间。

9. 增加身体锻炼和足够的休息

运动有助于提高注意力，帮助孩子找到适合的活动方式并提供锻炼的机会，如让孩子尽情玩耍，跑步、游泳等都是很好的。您也可以安排户外散步让孩子捡树叶等，释放他们额外的能量。充足的睡眠对保持最佳注意力水平同样至关重要，睡眠有助于调节注意力，因此家长应注意让孩子睡眠充足。在条件允许的情况下，学龄前儿童白天最好有一段时间午休。睡眠不足，大脑得不到充分的休息，也会影响专注力。